Pequenos Poemas

para crianças

JOSH DOUGLAS

Edição JOSH DOUGLAS

Prove por Pequeno Poema
Para Crianças.

Os filhos são uma herança do SENHOR.
Salomão.

Preparando Veja
alguns pequenos poemas preparados para o benefício
das crianças. O criador sabe muito bem, que ele, se

poeta, lá por pouquíssima fama consegue, mas que
costumava ser também não tem propósito. Ele se
referiu a apenas uma verdade útil. Assim, em rima,
recite que não estavam além da sensibilidade infantil;
e ele tem ela como este pequeno feito, em que ela des
em mais fácil, através de uma única leitura, seria capaz
de tornar-se impresso na memória, sem que costumava
ser, que eles aprenderam por fora tornou-se; algo onde
o fabricante muito em troca é, e que além disso, único
Através de leitura repetida,

ocorrer pode.

Não deu motivo até que formulasse esta peça - que
o criador tenha filhos próprios, que são agora seu único
e maior prazer - que se possa tal

peças em nossa falta de linguagem tem -
que ele também agrade para
outros útil é - e que ele o alto alemão *Lieder
für filho* de WEISSE e o *pequeno Lieder für
pouco mädchen und juglinge* por G . C .
BURMAN de muito prazer, leia tem; também
para tê-la ajudado muitas vezes em
Pinheiros, lindo, ele realmente não traduziu
ou assumiu o controle.

   Todos eles não são adequados para
crianças de quatro ou cinco anos, mas isso
também foi correto, não necessário. Os
homens podem-se escolher, quais homens
em seus filhos querem deixar de ler,
também podem o homem perceber de
repente, ou uma criança entende o que está lendo do que
O autor testou todos eles, e pode assegurar
que seus filhos mais velhos - uma criança
de cinco anos - muitos deles, na primeira
ou segunda leitura, entenderam; e, portanto,
mantém-se seguro de que todos esses bits
para crianças, acima dos cinco e abaixo
dos dez anos, são utilizáveis. Também não
faz mal se aqui e ali a mente infantil tem
um pouco de dificuldade em se encontrar,
e ali até perguntar e falar é ficar excitado.

Se eu tivesse o prazer de ter essas palavras aprovadas e com frutos serem usadas, de vez em quando, com prazer, acrescentaria uma folha a nenhuma que atualmente ofereço em meus conterrâneos. O número, que atualmente concedo, é grande o suficiente, para que haja o julgamento co a tomar.

Em dois carinhas queridos

... Primeiro pela recompensa Um ou dois beijos.

Em dois carinhas queridos

Olha lá, doces cunhas! Um pacote de bits,
Entretido aí você junto!
E pula para sua morada, Mas... primeiro tem

recompensa Um ou dois beijos.

Impulsionado pelo amor, ela
cantou, e quer mais
você lá, você pode perguntar.
Quando ela, por
favor, vem do clima.

É uma sorte infantil.

Tenho brinquedos, estendal, leite e pão,
Um berço para dormir.

É sorte infantil

Sou uma criança amada por Deus,
E até que a sorte criou.

O amor é grande;
Tenho brinquedos, estendal, leite e pão, A
berço para dormir.

Eu vivo sinta-se livre;
Eu couro de luxúria;
Ainda não conheço nenhuma preocupação. Por ele jogar
cansado,
Eu fecho meus olhos à noite, E durmo até No Pinheiro
amanhã.

Louvado seja Deus Pelo amplo desfrute De tantos
favores!

Preços.

O pêssego.

Aquele pêssego que meu pai me deu, Para isso eu

couro trabalhador.

O pêssego

Aquele pêssego que meu pai me deu, Para
aquele couro industrioso.
Agora eu como satisfeito e feliz. aquele pêssego
gosto mais desagradável.

A alegria pertence aos jovensQue
Shows zig educativos.
A diligência, essa virtude infantil, Está sendo
sempre bem recompensada.

O amor de infância.

E eu vou pulando ao lado dele', Também do que

entretido e aprende ele me;

o amor de infância

Meu pai é meu melhor amigo.

Ele ainda me chama de querido filho. k Salve-o,
sem ansiedade de medo.

E eu vou pulando ao seu lado ', Também do que
entretido e aprende ele me; Não pode
ser pai melhor!

Às vezes também sou travesso, Mas se meu vício me
arrepende, Então o
coração de seu pai se comove, Então seu amor não fala
reprovação, Sim, mesmo, quando ele me castiga,
Então vejo lágrimas
em meus olhos.

Devo eu por desobediência, Do que fazer, que meu
pai chore;
Eu o faria suspirar e reclamar; Não, se minha juventude
comete erros, Que logo caio aos pés, E devo pedir
perdão a
Deus.

Alexis.

Mas se ela estiver, isso agrada, Para ela, para

brinque, pergunta, Do que está se tornando Essa
raça de amor reduzida;

Alexis

Alexis ama suas irmãs, Quando ela está em paz para
viver; Ele a chama de querida, se ela lhe
der seus brinquedos. Mas se ela, que agrada,
Para ela, brincar, pergunta, Do que está se
tornando Essa raça de amor reduzida; E se ela
o impede de fazer sua vontade, Então ele a
odeia quase por inteiro.
Também ela está passando por
isso em muitos, Quando ela está acima de
alguém está sendo elogiado.

* * *

Um amor, Que assim esfria a raça,
Que perversamente visa a sua própria vantagem,
Será que o amor bem reto ser?

A verdadeira riqueza.

O que é riqueza afinal? o que é honra?
Deus amigo de ser é muito mais;

A verdadeira riqueza

Que nenhum dinheiro deleite nossas mentes jovens,Mas a
santidade e a virtude.

A sabedoria é o bem mais necessário; É jóias pela juventude.

O que é riqueza afinal? o que é honra? Um punhado de
lama vazia.

Ser amigo de Deus é muito mais;Que Jesus ama, é rico.

Venha, caímos aos pés de nosso Deus, À virtude e à
santidade:

É assim que nossa mente jovem se torna na terra Dez céus
preparados.

Então vamos pegar aquele querido querido, Isso nunca
novamente perece.

Então nós caminhamos no caminho da virtude,E nos
assustamos por isso com raiva.

É alegre aprender.

Meu aro, meu pedágio troco por livros;

É alegre aprender

Meu brincar é aprender, meu aprendizado é
brincar, E por que eu aprenderia entediado?

Ler e escrever me divertem. Troco meu aro,
meu pião por livros; Quero nas minhas estampas
meu passatempo pesquisar, É sabedoria, são
virtudes, Desagradáveis
quais eu fisgo.

É pena.

Quem eu já vi vestindo tristeza, k Também está sentindo por aí.

É pena

Quem eu já vi vestindo tristeza,k Também está
   apalpando por aí.
Não fecho meus ouvidos à sua lamentação, mas
   ajude-a se puder.

Erguer um homem na tristeza É até para crianças
   doce.
Quem pode zombar com aqueles que choram,
   mostra uma mente ruim.

Eu me alegraria de outra forma? Será que k
   rindo são inteligentes?
Oh não, uma nobre penaSuits On mine infantil
   coração.

Eu então lamentarei com os tristes,
   Eles para consolar em sua dor.
Para ajudar a carregar o fardo de outro, Meu prazer
   será.

A laboriosidade.

Minhas aulas querem eu aprendo,

A diligência

dormir muito pela manhã, Ao bocejar e ao
bocejar,
    Sentou-se feio para Uma criança. Quem
sempre tem que entender muito, E linguagem
maluca
quer bater palmas, Raramente vê zig amado.

Eu gastaria meu tempo em mil ninharias?

    Eu não aproveito isso. Minhas classes querem
aprender, Meus mestres
devo honrar, Do que me tornei
um homem.

O espelho.

Quer saber, Quem eu sou,
Então a palavra de Deus deve ser o espelho,
Onde meu coração sabe.

O espelho

Que sempre se olha no espelho, E ziguezagueia
   bajuladores de beleza;
Não percebe a verdadeira beleza, Mas caça Desagradável
   vaidade.

Este vidro nos deixa orgulhosos ou nos causa dor;
   Quer k saber, Quem eu sou,
Então a palavra de Deus deve ser o espelho, Onde
   Eu sei de coração.

reclama por pinheiro os pequeninos Guilherme.

Ah! minhas irmãs morreram

reclama dos pequeninos do pinheiro William sobre os mortos por são irmãs

Ah! minha irmã morreu, com

apenas quatorze meses de idade. k Vi-a morta na
caixa mentir:

oh bem, o que costumava ser minha irmãzinha
fria! k Chamei seu add: minha querida Sissy!

Mocinha! Mocinha! mas para não.Ah! seus olhos
estão

fechados; Eu devo chorar de tristeza. Sempre quero eu
para ela chorar,

espalhando flores em seu túmulo: chorando Nos
beijos pensa, Que me deu querida
menina.

Amanhã eu vou - mas para mim também é perigoso
morrer grande.

Ontem ela brincou comigo; ontem ainda! e agora - já
morto!

É presente.

k Você gostou desse doce se ele

é presente

Mãe querida! veja uma rosa lá por seu Coosjen,
    enquanto você faz aniversário hoje.
Eu cantei esta manhãE pulei: Assim
    eu desejei Tempo de serviço desagradável.

Mas não posso cavar rimas, Devo calar a
    boca Para meu irmão na poesia.
Então toma, mãe! bad this roses By your Coosjen, k
    Have you
    tog Like this sweet if he.

Pequena Clara.

Bem vinda querida irmãzinha!
Bem-vindo a isso para viver!

Saudação de boas-vindas por Little Claar para sua irmãzinha

Bem vinda querida irmãzinha!
   Bem-vindo a isso para viver!
padeiro! não posso dar um beijo na minha irmãzinha
   dar.

   Você quer dormir? Oh ela giz!
      Isso certamente a aborrecerá. Amanhã, se você estiver
   acordado, Devo jogar com você.

Descanse, então você crescerá; Aprenda a andar logo!

Quando você senta no colo da mãe, ela brinca
      comprar.

Ó! Mamatjen é assim Bom!
   Tudo quer ela dar,
Se ao menos seus filhos fossem doces E em paz para
      ao vivo.

A ociosidade.

Orar, aprender, escrever, ler, Brincar,
trabalhar tem tempo.

a ociosidade

Nunca devo estar vazio;Faço tudo com luxúria e
   diligência.
Orar, aprender, escrever, ler, brincar, trabalhar
   tem tempo.

Mãe querida também não aguenta muito, Que o
   tempo negligenciado está se tornando.
Ser preguiçoso, diz ela, é roubar tempo, e nós
   viver é assim curto!

É cachorrinho.

_ pode uma besta como esta satisfatória são o que
espera cara não por mim!

é cachorrinho

Quão grata é minha cachorrinhaPelos ossinhos
   e que pão!

Ele abana o rabo, anda por aí, E pula no tiro de minas.

Carne, pão e vinho me são dados,E muitas vezes
   iguarias:

Mas pode uma besta ser tão grata, O que espera o
   homem não por mim!

É vidro quebrado.

venha Keesje doce! amor em giz,

O vidro quebrado Uma narração

Cornelis quebrou um vidro na rua.

Embora tivesse privado as peças, Ele não conhecia nenhum
   conselho.

Ele estava com medo de mentir, enquanto
Deus vê: E ele trairia a mamãe agora, Isso não poderia.

Ele ficou consternado e comovido, A mãe
   vem:

Ela vê as lágrimas em seus olhos, Ele brilhou
   estupefato.

   Tem Keesje, ela disse, o que habilidoso?
   O que salva lá On?

   'Eu amo', ele disse, mãe! em um momento Tempo
   irritado feito.

Enquanto trabalhava em paletas, a janela costumava ser.

Voei meu *volan* , através dos foguetes pesados, Ali em Seu
   vidro.

Mas se o seu Keesje isso da vida dele Não voltar a
fazer, Então você quer perdoá-lo,Tu és assim Bom!

Vamos querida! pare de giz,Disse a mãe quando: Não quero
te culpar por esse erro,Ele ganhou Um beijo.

Quem sempre quer falar a verdade, Está sendo
    bem recompensado.
Quem busca mentiras para suas falhas, nunca
    mudou.'

A religiosidade.

Como é bom para mim estas grinaldas!

A religiosidade

Se na querida primavera
As flores decoram o campo, Então colho botões de
rosas, Violetas, amoras virgens, erva-cidreira e lilases.

Então tecerei grinaldas, E vestirei Essa ter honra Por
Deus, Para

que eu viva E doe flores. Então
cante eu: Rei do Céu!

Fazes crescer violetas, Com rosas, donzelas, erva-
cidreira e lilases, Com mil mil flores;
Para o seu poder e amor Nas crianças no show.

Como essas guirlandas ficam lindas em mim!
Ah, não me deixe esquecer
Que você tem que fazer para crescer!

A lebre.

Olha Pietje! olha, uma lebre,

A lebre

Olha Pietje! olhar! Uma lebre, ó Que assim logo
poderia andar!

Não, disse o esperto Pete, quero que vocês
sejam coelhinhos,
eu não: k quero ir devagar, do que comprá-lo
morto de pinheiro.

* * *

Aquele que sempre deve ser louvado Pelas habilidades
Que ele tem

Viva contente e agradecido, Poderão ser
presentes bem gastos.

Mas aquele que sempre se ajoelha E o que
quer ser, Até o que tem
perde, Já li mais do que em algum momento.

Narração de Dorisje.

Bebemos chocolate, E fizemos cem para pedir.

Uma narração de Dorisje

Estivemos recentemente com *Saartje* , nosso velho
e bom padeiro, que sabe contar contos de fadas.
Bebemos chocolate,
E fizemos cem para pedir.

No final, nosso *Saartje disse :* Bem, meus queridos!
Tu conheces as quatro marés, O que te mantém
melhor?

Então minha irmã *Mietje disse*   , Essa hora é
minha querida, Quando as árvores florescerem.
Então você obtém lindas flores, Para cachos em
achatados.
Então se vê mil pássaros cantando em galhos verdes.

Isso não é na primavera?

Inverno, querida *Saartje !* Disse *Pietjen ,* é o melhor,
Então ouvimos, E bebe chocolate, Ou comemos
waffles grossos.

Não, eu prefiro o verão *Keesje* disse   , então é
justo. Do que casco eu não aprendo.

Mas eu disse, é melhor que a
maioria das frutas estejam maduras.

Então é bom estalar. Então você tem damascos, E ameixas, e cerejas, E pêssegos e peras: E isso não é outono?

Ouçam, crianças, disse *Saartje* , O inverno deve tornar os campos E jardins férteis.

Deve-se podar as árvores;O campo deve ser engordado; Isso faz o homem no inverno dos pinheiros.

As árvores devem florescer, Para nos dar frutos; Isso fazendo ela na primavera.

Os frutos devem crescer; Eles fazem isso no verão. É preciso colher os frutos;Que fazem o homem no outono.

Vocês também devem, queridos filhos! Em todas as estações, Louvem a sábia bondade de Deus, E estejam em paz.

Jesus.
Uma parte vocal.

Jesus é um amigo das crianças!

Jesus
Uma peça de música Little Claar e johnny

juntos.

Jesus é amigo de uma criança! O nosso quer que ele zig tenha misericórdia. Ele tomou crianças em seus braços: Jesus é um amigo das crianças!

APENAS CLARO.

Oh, se Jesus ainda estivesse na terra! Logo voei para Desagradá-lo.

JANTJE apenas.

Ah costumava ser Jesus ainda na terra! k Voou de você Jesus desagradável para. **juntos.**

Filho de Deus! que vive para sempre! Ouve-nos implorar, E perdoa Nossa ousadia e falhas! Filho de Deus! que vive para sempre! Abençoe nossa juventude, e dê, Que frequentemente falamos por VOCÊ!

O topo flutuante.

Nunca execute o meu topo flutuante sem ter sucesso;

o topo flutuante

Meu pião flutuante nunca funciona sem golpes;
  Porque o amor eu continuo, do que ele não corre.
  Já tenho em que vencer a tristeza, E
  devo a outros brinquedos perguntar.

    Mas não é o mesmo com Flipje? Sim; Eu nunca
  tive que temer golpes, k Raramente leria em meus
  livros, E isso também
  dá tristeza ao pai.

É uma pena que eu tenha que aprender com um
  pião, A trabalhar diligentemente sem coerção. k
  Quer, até meu castigo, meu por toda a vida

  Nenhum outro brinquedo para desejar.

A ameixeira.

Johnny tem um chapéu cheio de ameixas,

A ameixeira Uma narração Jantje uma vez viu ameixas penduradas, ó! se os ovos gostarem deste tamanho.

Parecia que Jantje queria ir buscar, lindo é pai dele proibiu.

Aqui está, disse ele, nem meu pai, nem o jardineiro, que vê: Em uma árvore, Assim carregada,

não faltam cinco seis ameixas. Mas eu quero ser obediente, e não

escolher: eu ando. Eu, por um punhado de ameixas, seria desobediente? Não.

Adiante foi Jantje: mas seu pai, Que ele ouviu tranquilamente,

Encontrou-o enquanto caminhava na frente do caminho do meio. Venha meu pequeno Johnny, disse o pai, venha meu amorzinho!

Agora vou colher ameixas para você; agora tem o pai Johnny doce.

Então papai começou a tremer, Johnny pegou de repente; Johnny

encheu seu chapéu de ameixas e caminhou para um galope.

O mendigo.

Quem olha para ele com admiração, não
o desagrada por ordem de Jesus.

O mendigo

Aquele homem decrépito, que se senta quase nu,
E tremendo de frio, implorando-me por um
centavo, É um pouco Bom se eu. Ben I do que
melhor?...
Não.

Um homem piedoso e honesto costuma usar
roupas sujas, quero que também a virtude na
honra dos pobres.
Quem olha para ele com admiração, não o
desagrada por ordem de Jesus.

A *verdadeira amizade.*

Que raramente elogia, fala linguagem
amiga.

a verdadeira amizade

Um amigo, que me mostra minhas faltas,
Severamente punido, e nunca desculpado,
Tem em meu coração um grande poder: Mas
o coração baixo que sempre lisonjeia,
Suspeito por
egoísmo, não posso tolerar sua presença.
Quem raramente elogia, fala uma linguagem
amigável. Isso sempre lisonjeia, mente muitas
vezes.

Sua semente servirá.
Davi

Preparando

Eu sou muito sensível sobre a recepção
favorável que meus *pequenos poemas
tiveram filhos* com meus compatriotas, do
que minha alegria e gratidão, por causa
disso, não seriam expressas abertamente.
As declarações orais e escritas do prazer
causado por esses meus humildes labores,
que muitas vezes me emocionam fortemente;
Sim, muitas vezes sou chamado em tais
ocasiões: *Lágrimas*

*escorrem de meus olhos , Queridos filhos, se
vocês me pedirem mais poesia.*

Ah! meu coração, tão emocionado, Bendito seja Deus, que

vive para sempre , Que ele me Dá essa alegria!

Não é, portanto, nenhuma lentidão, nenhuma
letargia, Que o avanço deste trabalho mudou
por tanto tempo. O que então? - pura
incapacidade, meus queridos compatriotas!
Especialmente como poeta, não posso
trabalhar quando quero; e assim que tenho
que me forçar, tudo acaba mal. Eu esperei
então, até que eu novamente naquela
condição atingida, na qual eu tenho meus
primeiros fabricados; e é o fruto dessas
horas, que agora ofereço novamente aos
nossos filhos; na pilha que o mesmo por um pouco assim p

permitido agradar se os primeiros.

Eu tive muito tempo *para* deixar ir, e mesmo apenas um recurso empregado, para algumas pinturas de arte com essas rimas infantis também adicionar, quando , imagens passarão sob   , o Sr. . As minha supervisão pelo pintor J. _ BUYS assinadas, e pelos Heeren PUNT e VAN DER MORE serão gravadas; cuja habilidade pode ser vista nas belas imagens das fábulas de Gellert; que retrata um, Assim, bem se Isso fábulas, Em nossa juventude holandesa não o suficiente pode recomendar.

Essas imagens serão definidas o mais baixo possível e as rimas, porém, estão disponíveis separadamente. Eles, no entanto, que ziguezagueiam desde as primeiras e melhores impressões fornecidas, por favor, procurem seus livreiros,

ou abelha JOSH   , em *Amsterdã* , ou DOUGLAS abelha o WED. J. V. JOSH   , DOUGLAS *aqui* especifica nomes; fará as primeiras impressões para que assim que possível, seja Entregue.

Adeus meus Compatriotas! e fique tranquilo, que seja sempre sensível será um prazer poder fazer

algo para o uso ou diversão de você ou seus
filhos infligir.

*   *
    .

Devo acrescentar aqui que há razões que me
obrigam, para nenhuma cópia, por exemplo, a
reconhecer, do que através das impressoras esta
única mão assinada
são.

a Quarta J por JOSH DOUGLAS

Lottie e Keesje.

De que adianta você estar sozinho em um canto, sentar e reclamar.

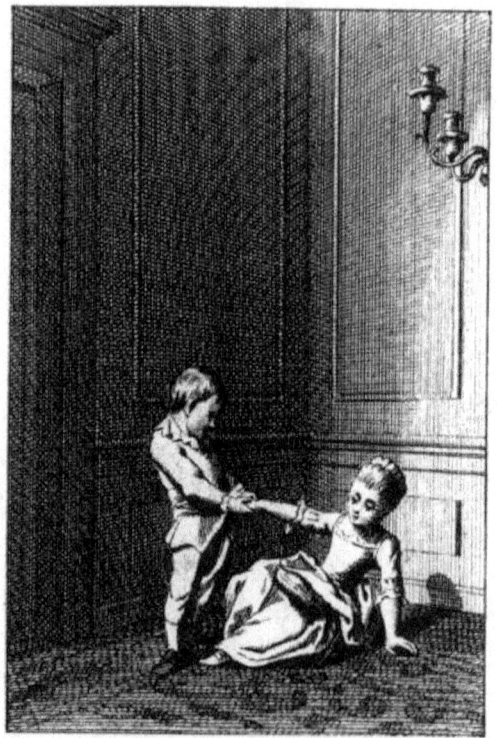

Lottie e Keesje

KEESJE

Diga-me doce querida *Lottie* !

   qual é a causa, que você chora: Hebtge seu
saco de suporte perdido
ou quebrado, querida menina?

MUITO

Eu não iria chorar, querida *Keesje* ! doce mãe
   costumava não ser

atendida Com a minha costura oh! ela me viu de
   tristeza e tristeza On.

Sim, ela quer que eu não beije, assim se ela sempre
   beijar.
Que pena! ah! que tal mãe para a minha

   maldade lamentar deve.

KEESJE

De que adianta você estar sozinho em An
   recanto senta, e reclama.
   vá, ela deve perdoar, se você
   pedir para mudar.

MUITO

Você então intercederá por mim, me guiará:

KEESJE
Sim, claro:

Eu não falaria por *Lottie ?* Essa é minha querida
   irmã.
Mas você não precisa de intercessão, se sua
   mãe cair a pé,
Ela com certeza vai te perdoar, mãe, saiba
   tu, és como este Bem.
   Yeastren leu ela para nós dois,
      que também Deus perdoa a culpa:k Saiba,
   ela deve limpar a mudança,
   ali ela tem um exemplo.

A saúde.

Quem nunca tem o suficiente para a boca, raramente vive alegre e saudável.

A saúde

A saúde é um grande tesouro Para agradar a
ao vivo.

Embora eu tivesse grande riqueza, Que
benefício ela
daria, Então eu, roído com medo e dor, Eu
mesmo até Um fardo tinha que ser.

Mas eu seguiria o conselho de meu pai Não é
diligente?
E gula e excesso Não evitar e
esquecido?
Quem nunca tem o suficiente para a boca,
raramente vive alegre e saudável.

Menino e Keetje.

Aprenda agora primeiro, do que jogar Nós.

Garotinho e Keetje

CLARO

Sempre trabalhando, sempre lendo, Esse
deve ser bem triste:
  É por isso que se vive? Keetje engraçado!
jogando agora;Ah! o tempo que você deve
entediar Servir em seus mestres dá.

KEET

Nunca trabalhar, nunca ler, Sempre no jardim dos
pinheiros a ser, É por isso que
  se vive? Querida menina, pare de brincar;Ah! o
tempo que você deve ficar entediado, sirva em
suas bonecas.

CLARO

Às vezes jogando, às vezes lendo, Isso deve ser
bom, Keetje doce! vem jogar
comigo.

KEET

Certamente irá aborrecê-lo. Em para segurar por ele
para
jogar: Aprenda agora primeiro, do que jogar nós.

* * *

Ter precisaria mais de perto se Keetje tivesse isso

disse,
Ou Garotinho tinha, envergonhado, suas bonecas
reservadas.

Encontrou-lhe canções.

Que músicas doces e agradáveis!

achou as musicas

Acabei de encontrar este pedaço de papel que eu li pode.

Acima está escrito: Como! ...

O HOMEM SATISFEITO

Venham, crianças, sentem-se comigo.

O contentamento é muito mais do que
estimativa neste para viver.

Embora eu tenha pouco, tenho o suficiente; eu
Um homem inveja Pinheiro,
Que sempre usava roupas bonitas, mas pesadas
dor tinha que sofrer.

Trabalhar sempre me mantém saudávelE rápido
por corpo e membros.
Eu acordo de manhã Refrescado e bem em paz.

A fome que eu dizia sentir falta, Faz-me com muito mais
vontade de comer,
Do que se eu na mesa de um rei, Costumava estar dia A
dia sentado.

Muitas vezes tenho água de uma fonte De mais sabor
bêbado,

Mais do que nunca o vinho poderia me dar, copos de abelhas
foram derramados.

E o dia passou, Veja eu Pinheiro nascer da noite, Então
eu vou colocar
uma canção Para as minas de Deus aos preços.

Agora, queridos filhos, vivam como eu, Alegra-vos na
bênção de Deus!
Diga obrigado a cada momento, O que eu tenho de muito
pegou!

* *
*

Que doces e doces canções! como agrada
e bate em mim.
Que eu aprenda a viver assim, Homem satisfeito! se
vós.

A boa ambição.

Não posso
esquecer, Mas não deve resistir.

A boa ambição Uma reclama por

Daantje Ah me! Estou triste,
perdi o prêmio Servir doce pai
prometido tinha, Para
aquele que melhor aprendeu. Aquele
livro com lindas fotos, De fitas de seda
verde, O que eu ansiava Já tem
Johnny; Porque ele podia escrever
melhor, e costumava ser lido mais rápido.
Sim, nas cartas ele poderia As terras e rios,
Os mares e as cidades, Mais
rápido por todos encontrar.

Mas eu o invejaria, E agora menos ainda
aprendem?
Não, louvarei seus dons, E com mais amor.

Mas também vou atrasar, Prêmio honorário
de pinheiro para
ganhar, Que o Pai prometeu novamente. Eu,
brincando demais, dormindo demais, olhando
em volta, quando
eu tinha que prestar atenção,
perdi o preço do pinheiro.

Aquele livro com lindas fotos, Com fitas
de seda verde Tem o Johnny que pegou!
Não posso
esquecer, Mas não deve resistir.

O vigia.

Eu teria medo de badalo de pinheiro,

o vigia

Devo temer o badalo, ó! Aquele querido corajoso
homem
Me deixa tranquilo E também seguro para dormir
pode.

Mãe querida! Eu acredito firmemente que ele está
nos ternos dos ladrões.

Limpo ele anda no vento e na chuva, Cantar está
ficando ele nunca se cansa: Meu Deus!
dê a ele sua bênção, mas meus olhos estão fechando.
Caro claqueiro! amo a espera vou dormir: boa noite!

Klaasje e Pietje.

Deixe vir, se ele puder.

Klaasje e Pietje

AULA

Pietje, se você não quer ser bom, então
aparece o negro.

PETE

Klaasje, isso é mentira! Deixe-o vir, se puder.
Quem acredita em tal homem, está com a
mente roubada.

Canção de inverno.

Ah! quantas mil pessoas para ter Assim,
muito estoque não.

canção de inverno

Vejo cair as folhas amarelas, do verão do Pinheiro se
fez:

E o uivo da neve e da chuva nos anuncia o inverno do
pinheiro.

Ah! como me vibram os membros, k

Passeio Desagradável nos recantos junto à lareira
de Pinheiro;

Pai diz: em tal Um frio serve lá
madeira nem turfa poupada.

o Temos muito estoque para o inverno de pinheiros;

Lá eles me colocaram em roupas quentes para Pine
fios de árvores livres de geada.

Pêras de inverno, repolho e manteiga de maçã, carne,
Sim, o que ainda não, Já em nosso
porão, que nos Sabores saborosos.

Posso agradecer agora, pela minha felicidade
muito;

Sim, eu quero viver obedientemente e você agradece,
bom Deus!

Sim, eu quero pensar o tempo todo se o frio me
entristece, Ah!

quantas mil pessoas ter Assim muito estoque não.

Sim, eu quero economizar algum dinheiro e o que pela
minha abundância

Em Um pobre bebê para dar,
que pelo choro de fome deve.

Deus bondade.

Deus é bom, é lá que a chuva cai
Desidratou país:

Deus bondade

Deus é bom, é aí que a chuva caiNa terra
ressequida: Pai banha a tal Benção, Sem
chuva,
Diz ele, não
cresce erva nem planta.

Queridas gotas, caiam na terra! Caia em grande
abundância, O
ouro não tem tanto valor Para o nosso solo.
Deus nos interroga: Deus é Bom!

Deus sabedoria.

Deus é sábio, que a chuva mansa Agora cai:

Deus sabedoria

Deus é sábio, aquela chuva mansa Agora continua:
A grama
árida Tem tanto vogt novamente, Se para crescer
era necessário.

Já caiu lá na chuva forte, Nunca viu
a luz do sol, Do que não seria mais até a
bênção, Mas até que o dano
seja para nós.

Deus é sábio, aquela chuva mansa Mantém o
clima: o solo árido
Tem tanto vogt agora, Se a sabedoria de Deus
necessária fosse encontrada.

A retaliação generosa.

k Deverá ela por minhas guloseimas para dar,

A retaliação generosa

Eu atormentaria minha irmã? Para isso ela me
   não ama?
Eu falaria mal dela? Não, eu acho: ela é An
   criança!

Darei a ela algumas das minhas guloseimasDo que
   uvas, do que Uma pêra,
Depois uma avelã seis e sete, E quando ela quiser,
   ainda mais.

Eu conquistarei seu coração com amor. Ela não é
   uma criança
maligna; Por tanto tempo devo amar o seu amor,
   Até que ela me ame também.

É criança doente.

Minhas cabeças! ah! Gosta muito disso!

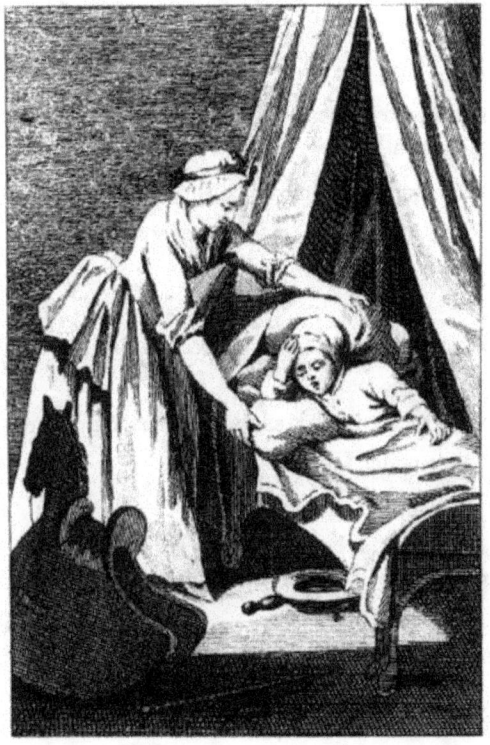

é criança doente

Minhas cabeças! ah! isso machuca muito! Aparece por An
   fendido; Nenhum
   cavalo de balanço me diverte mais; E o homem bonito
   pergunta, o que eu desejo eu desgosto por comer
   mais gostoso.

Embora nenhuma criança seja tão baixa quanto eu,A paz
   me foi tomada.
   E eu durmo em algum momento Um momento, Então eu
   acordo de Um susto Por meio de um sonho
   desagradável.

Agora primeiro me torno, pelo que me falta, Até a gratidão
   movida: Agora sinto,
   mas com tristeza, Quanto se deve a Deus, Se o homem
   com saúde permitisse viver.

   Mas oh! que Deus é sempre bom;Quero agora satisfazer
   o ser, E embora deva sofrer
   dores,Paciente diga: Deus é Bom!

Ele pode me curar do tempo.

É bom exemplo.

Venham, meus queridos, vivamos até a utilidade e
a alegria uns dos outros!

é bom exemplo

Pai mora com nossa mãesempre satisfeito e
   satisfeito,
Oh como eles se amam, nunca grunhiu ela
   Se nós.

Mostra algo a desejar, do que dizer
   o outro: isso é bom!
A mãe é a melhor se ela fizer algo para o pai.

O pai procura sempre saber qual é o
   desejo da mãe; E não ela pode entediar, dá
tristeza ao
pai.

O pai deu o melhor último
   pêssego para a mãe com um beijo; Ele gostaria
de estar lá para não comer:
garotinho, faríamos isso?

Querida irmã, queridos irmãos O Isso nos estende
até a reprovação, Que muitas vezes Gostamos
dessa briga; oh, bem,
você não sabe como me desculpe.

Venham, meus queridos, vivamos até a utilidade e
   a alegria uns dos outros!

Vamos tentar seguir o amor dos pais e
virtude das mães.

Só lá pode habitar o amor, só lá é doce viver, Onde
um, feliz e sem
constrangimentos, um pelo outro tudo faz.

Pietje e Keetje.

PIETA .

Bem: eu tenho quatro estampas
legais, KETTLE .

Eu duas fitas,

Bom para ela, diretamente eu acho.

Pietje e Keetje

PETE

Venha minha querida e doce irmã, me dê um beijo,
Oi estou assim no meu arranjo!
Eu ouvi da mãe, Que a escola de *Camie* virá,
Ninguém ficará assim
satisfeito se eu.

KEET

Então vamos pensar em algo, Para doar
Na garota mais querida.
Se apenas dissermos algo a ela. E sem ações que
acompanham Não
há alegria direta.

PETE

Bem: eu tenho quatro boas impressões,

MANTENHO

duas fitas, bom para ela, diretamente, eu acho.

PETE

Vai agradá-la, por menor que seja, Desde então ela
não precisa perguntar, Ou nós, mas falar é.

É paciência.

Este viu eu durar em nosso gato,

é paciência

A paciência é uma virtude para uma tarefa difícil

    É um olho branco a ser levado a cabo; Eu vi isso em nosso gato outro dia, Que horas longas mergulhou farto, Para em Um
rato à espreita.

Ela não foi até que o rato, Capturado, em suas garras tinha.

Um jovem religioso.

A quem Deus ama Que está se tornando filho;

Um jovem religioso faz um sortudo envelhecer

Aquele em sua juventude Quebrou o caminho da
virtude, E faça o bem Espere o bem animar seu velho ao
amanhecer.

Mas esses são tempos inúteis que se desgastam,
Seus novos poderes de pecado dão, Devem, decrépitos,
Tristeza esperar.

Deixa então, ó jovem!
É caminho der virtude,
Você pediu por favor, Então você será feliz Pelo remorso
livre Seu velho ao
amanhecer.

Embora você seja uma zombaria para eles, isso
Deus
muito safado abandonado, você tem muito mais
Do que dinheiro ou honra Por
isso em espera.

A quem Deus ama Que está se tornando filho;

E ele deve morrer, ela perguntou ou spae, ele deve
graça
Bee Deus adquirir.

O teta de carvão.

Agora diga eu mesmo: não há mais
pássaros.

o teta de carvão

Meu estalo estava pendurado na árvore há apenas
uma hora, Ou este chapim de carvão farto lá dentro.
Então eu disse a mim mesmo: Como vou pegar
pássaros! Isso é chamado de primeiro direito Um
bom começo!

Mas ah! Já são sete horas da manhã,
não vi um tentilhão ou um chapim-real em todo
esse tempo, agora estou totalmente abatido,
agora diga eu mesmo: não há mais pássaros.

* * *

Que já em grandes coisas espera,
Para que nele comecem as tentativas bem-
sucedidas,
    É tão tolo quanto é levado ao desespero, Para
isso ele por Um tempo de adversidade deve se
curvar.

Pietje bee It acamado por são irmãs.

'Bom Jesus! ouça minha lamentação, 'E recupere o tempo de minha irmãzinha.

Pietje bee Está doente por são irmãs

Oh, aquele gemido, oh, aquela reclamação, Meu terno coração não pode se

desgastar, Sissy querida, eu sinto sua dor! k Desejaria que você sofresse,
Poderia livrá-lo da tristeza,Ou mas até que o alívio seja.

Mas está além de minhas possibilidades; Mas eu me curvo, de

olhos lacrimejantes, Rezando meus joelhos para baixo. 'Não deixes que a minha oração te desagrade Bom Jesus! ouça minha lamentação, e recupere o tempo de minha irmãzinha.

Não a deixe viver, Ah minha mãe morreria, Pai

certamente foi para o túmulo. Querido Deus! onde estava Pete? Você nomeia minha irmã mais nova, Sissy. Também
meus pais estão comigo.'

Interrogou a oração.

O que meu coração grato servirá aos bons, Deus retaliará?

Interrogou a oração

Minhas irmãs são saudáveis. Deus ouviu minha
oração! E tem até nossa alegria minha irmãzinha
doce resgatada.

O que meu coração agradecido dará ao bom
Deus? Como este grande Um Deus quer Que os
agradecimentos sejam de Uma criança?

Sim! O pai diz que Deus está satisfeito com isso,
Morrerei seu louvor, já sou jovem, para relatar.

É uma criança de bom coração.

Bom Deus! oh deixe-a viver Até o meu
benefício até a minha alegria,

É uma criança de bom coração

Eu não honraria minha mãe, Ah, o que não fazer
   por mim?
Qual é a minha utilidade, posso aprender; Ben, alegre,
   ela está satisfeita.

Estou doente, ouço-a reclamar; E quando
   ela me senta
Com um olho erguido, então acredito que ela reza.

Sim, ela reza, para que eu logo me liberte de minha
   inteligência:
Se eu melhorar, com que alegria E como
   satisfatório é o seu coração.

Sempre a amarei, Sempre fazendo, que ela agrade.

Eu nunca quero começar nada. Lá minha mãe
   reclama.

Eu chamarei seu nome com reverência, Se ela
   descer em Sua sepultura.
E louvar a bondade de Deus para sempre,Que me
   deu uma mãe.

Bom Deus! oh, bem, deixe-a viver
   Para minha vantagem, para meu deleite, Que

tristeza que isso me daria, saudades dela na minha juventude.

O descuido.

Uma hora por descuido pode fazer aquele
homem chorar semanas.

o descuido

Veja Keesje! este mosquito morto Voou tão feliz e velozmente, Mas é por indiferença, Que ele agora está morto na ardósia da mesa.

Ele tinha um bom senso à luz de velas, E voou para lá descuidado.

Agora ele está ali; mas está de licença; Não há nenhum conselho para o mosquito agora.

Ele foi enganado pelas aparências. O! deixe-nos isso até que sejamos aprendizes,

Que, antes de fazer qualquer coisa importante, É preciso pensar muito. Uma hora por descuido pode fazer aquele homem chorar semanas.

O pássaro no banquinho.

Meu pássaro, ah! me condena.

O pássaro no banquinho

São seis ou sete da madrugada,
Que eu esta engrenagem cisje por Klaas Pine tree bird
homem;
E embora no começo eu tivesse que lamentar meu
problema, Agora não há lugar nenhum, Que seja
melhor voar.

Como eu progrediria se eu gostasse disso Educacional
costumava ser se ele!
Mas eu quase choraria. Meu pássaro, ah! me condena.

Eu quero me comportar assim antes disso, Que, me
honre até que a brincadeira arranje, Posso
me perguntar sem medo: Quem aí aprende melhor,
ele ou eu?

**Segunda continuação dos filhos Kleine gedigten,
do sr. JOSH DOUGLAS.**

Aos meus pequenos leitores.

Possível é o último pacote;

Aos meus pequenos leitores

Não diga, minhas queridas cunhas, Isso . você
esquece;
Eu tenho algo para te darApenas uma hora
tempo gasto.
Pode ser o último pacote; Pertence! você também
tem o suficiente. está
nele número não conveniente; E para
maior é o que cedo.

Leia pouco, bem, e frequentemente Aprende melhor,
no seu tempo:
Livros maiores você obterá, Se você também o que
for maior.

Johnny e o coelho.

Eu tenho alguns para aquele querido animal em comprar;

Johnny e o coelho

Ali vejo eu Um coelho!
O que k feliz seria, Se eu
tivesse para passear em nosso jardim,Disse
Jan: mas lindo k meu dinheiro
Já contei três vezes, Tenho
muito pouco para comprar aquele doce animal;
E linda eu esta Vá com entusiasmo, eu não
conheço nenhum conselho! ...

* * *

Bem! então deixe-se aprender este caso, meu
querido Jan!
Que uma criança sábia não deve cobiçar coisas,
Que ele sabe de antemão, que ele não pode
conseguir.

O cantor William.

Deus, ele gritou, é tão bom, Que eu devo louvá-lo!

The Singing William Morning song

Quando o sol se levantava
William estava sentado em um
poço, De bom coração,
para cantar; E não aguentou
mais. Deus, clamou
ele, é assim bom, que eu o louvo!

Poderoso Criador! Eu devo a você, Que eu acordei
saudável e encantado.
Sábio governante! Devo a Jesus que eu o conheças
primeiro pela minha juventude.

Louvo-te pela manhã, também te honrarei, Para que me
aproveite nela para viver;

Louvado seja o amanhecer, oh, que ele me ensine,
Santo e satisfatório em viver na terra.

Ser diligente, obediente e alegre, sou eu até o benefício
e é seu mandamento.
Gentil Criador! quem não teria medo de você! Quem
você não honra, Deus todo-poderoso!

Só de ti devo esperar tudo; Quem é se você é todo-
suficiente e suave.
Hoje observarei suas leis; Lá também vocês, filhos para
abençoar, precisam.

A pequena cantora.

Ela cavalo sorrindo voz e cordas;

**A pequena cantora Canção
da noite** A luz do
sol Começou
Alreê a

definhar; A Lua Ving Para
brilhar tão limpa como sempre;
Ela rindo
combinou voz e
cordas;

Que o sol brilhe sobre ela No oeste fazendo vales,
Isso não
  me torna inteligente. Deus também

criou a noite do Pinheiro para dormir, Morre
louva o meu coração.

Quão escuro pode estar, não precisa ter medo
  Na calada da noite. Deus cuidará de
me Até que eu o amanhã Tempo

alegre espera.

Nenhuma tristeza me deixará nu;
Deus queira que eu guarde,

Já sou uma criança.
Deus mostra, através de mim, vidaE comida para

dê,
Como Ele me ama.

O brilho estrelado Animou-o escuro;
    A lua brilhante Começa no pasto Seu brilho a
se espalhar, E brinca Através do
sopro.

Mesmo que não se vejam as cores, O homem vai
se unindo Pelos cheiros Refrescado
    por onde passa. Até ouço em lilases Pinheiro
rouxinol cantar, E codorna bate.

posso te levantar, Então fecho meus olhos Não
    se preocupe, ó meu Deus!
    VOCÊ honra em dar, E
agradecido por viver, É muito feliz.

O medo errado.

Não é preciso ter medo, Se o homem pretende ficar
com raiva de fazer.

o medo errado

Keesje viu em algum momento os judeus caminharem,
para *que idade! que velho!* na
    compra; Ele ficou assustado, sim, pálido de medo;
Ele rastejou para longe e começou a chorar. Pietje
zombou daquele abrigo; E disse rindo: faça se eu!

Kees disse: você não ficaria alarmado, se em algum
momento você viesse ligar?
    Não, posso, Pietje então disse: Por que eu sempre
temeria? Os homens precisam se preocupar com os
órfãos, Se
o homem pretende ficar com raiva de fazer.

O amor até seu país natal.

E, tornei-me em algum momento Um homem,
Assim são úteis para o seu país, se eu puder

O amor até seu país natal

Já sou apenas uma
criança, mas minha pátria é mais amada
por mim; eu nasci lá;
tenho lá bebida e comida;
Deixei lá a educação Ouvir

de mestres sábios. Tenho pais, amigos, a
quem amo de todo o coração; lá posso
viver em segurança; Por
isso me mostrarei grato; E, em algum
momento, tornei-me um homem,
como este útil é para este país, se eu
apenas puder.

Os caras vegetarianos.

Ha! nenhuma loucura é tão grande, Do que uma varredura sem necessidade.

Os caras vegetarianos

GIJSJE

Vamos resolver esta disputa, Por meio de, em algum
momento, bravos juntos na varredura!

CLASSE

Não quero; Não tenho desejo de bater; Mas deixe-nos,
Pai Desagradável, ir; Não quero ofendê-lo;
O pai permitiu que o veredicto suavizasse.

GIJSJE

Menino covarde, sem coragem!

CLASSE

O! pense primeiro o que fazer.

GIJSJE k

Barrel você logo será o vestido:

CLASSE

Espera, eu me defenderia então; k Ben Assim, estou com
medo se você.

GIJSJE é

aquele onde, venha do que ter ela!

CLASSE

Não: vou observar isso; Mas o seu para ameaçar
aqui esqueceu.

Ha! nenhuma loucura é tão grande, Do que uma varredura
sem necessidade.

Aqui ficou ela perturbada.

O doce papai ouviu direito.
Aquele que foi guerreiro, e muitas vezes em sua vida

De sua política e coragem deu muitas provações,
Disse que é o melhor herói; ele tem a maior coragem;

Essa varredura corajosa pode, mas nunca
desnecessária.

É tempestade.

Que lindo atirar ali o raio caindo!

É tempestade

Quão lindamente o raio cai lá!
   Quão imponente rola o Trovão!
   As nuvens se juntam ou se movem para lá e
   para cá; Enquanto eu já estou, formidável
   Senhor Celestial!
   Vossa Majestade admira.

   Agora é passado: Um ar
   fresco Cerca-me onde quer que eu vá, e faz
   os pássaros cantarem. Eu vejo Um novo brilhar
   na árvore e no campo e
   na fruta; Mas, Deus eterno! você continua,
   Mesmo em suas bênçãos.

   * *
     *

O que eu vejo, Gato! como, você treme? Ah quero
   lá nunca por medo! É um dom, que

   Deus nos dá, E por isso, querida
   menina, tinha que Caatje ser satisfatório.

Little Claar abelha
a pintura de sua falecida mãe.

Aquele ser doce e sorridente,

Little Claar Bee a pintura de sua falecida mãe

Quando me sentei calmamente contemplando a
imagem de minha querida mãe,
então minhas lágrimas rolaram firmes pelas faces.
Aquela criatura doce e sorridente, Onde a piedade e a
sinceridade, a graça e a alegria Como esta terminada
estão em leitura, Então me faça chorar amargamente,
Porque eu
tenho que sentir falta dela; Eu - ainda não nove anos.

O que eu não tive por horas Sentado com ela com
benefício, Quando eles me jogam,Ele e outros
aprenderam.
Mas eu sempre vou lembrar, como ela me abelha ela
morrer
Para durar ainda em algum momento abraçado.

Eu não posso pensar sobre isso E k fazer isso junto
Assim, por favor.

Quando ela disse: 'querido Little Claar! Sua mãe logo
morrerá, E se separará desta terra, Para no céu
regozijar Abelhas os anjos ao vivo; Então
ouça minhas últimas palavras, E me dê seu último
beijo.

Honre a Deus, ame seu pai! Cresça em virtude e
sabedoria! E murcha alegre para viver, Aprenda
cedo
os pecados que odeiam.
Mas você já fez o mal, Do que deve generosamente
confessar; E Deus a
Jesus te dará perdão.

Mas olhe, minha pequena Claar! No solo eu não
mais,
Ver muitas vezes o desagradável céu dos
pinheiros, E dizer - é onde minha mãe mora. ah, vi
depois de sua morte Meu
filho também aparecer lá, Como eu me alegraria.

E agradeça a Deus com reverência. Para você,
minha querida Claartje! Também é o céu Aberto.

Mas tudo bem; minha doce menina! Sinto a morte
se aproximando E não posso mais falar.
Adeus, adeus, Claartje! Ali, dê o último beijo!

Eu caí chorando; E durou algumas horas, ou a
mãe
costumava morrer.

Quando eu agora, sentado
Pela imagem da minha mãe, lembrando

sua morte, Do que me rolar firme As
lágrimas escorrendo pelas bochechas. Do que ver eu
Desagradável Céu dos pinheiros, A casa de
minha mãe; Do que eu chamo, chorando amargamente,
ó Deus, você tem aquela mãe em mim Assim desde
cedo privada, eu não devo
repreendê-lo, Quanto eu a lamentei; Não, tu és sábio
e santo, que
eu te ame, Meu querido Pai, honre, E aprenda as
lições da mãe, Então eu morrerei comigo Venha você
e a mãe.

O que será esse ser bem-aventurado!

A rosa murcha.

O Criador, a quem devemos temer, Está
se tornando Na cama nunca elogiado.

a rosa murcha

Por que a rosa murcha tão rapidamente?
Disse Jantjen: oh ou costumava ser!
Deus também foi, a meu ver, mais louvado, Zoológico
elevou-se por mais tempo Permaneceu no ser.

* *
 *

Embora você pense que vê através disso, meu
querido Jan! É assim não.
O Criador sabe melhor de tudo, Por que
deve cair tão rapidamente; E quero
também,
que assiste, Como perece a raça bela terrestre.
O Criador, a quem devemos temer, Está
se tornando Na cama nunca elogiado.

Sissy bee It cravo.

Se eu pudesse aprender, fiz o meu melhor se você.

Sissy bee It cravo

Aqueles tons adoráveis Por favor, me
alree; Já tenho alguns anos,
adoraria cantar junto. Quando meus irmãos mais
velhos Tocam nele cravo, Então ele me
pergunta, zombeteiramente, Ou não me canso de
correr?

Do que eu digo, querido
menino! o Por favor, toque muito para mim! Que
eu também
aprenda, fiz o meu melhor como você.
Anteontem costumava ser meu
aniversário, E mamãe então me perguntou, O
que eu
cobiçava dela; Eu dei um beijo nela primeiro, E
disse: minha doce mamãe!
Faça-me este favor, Que eu permiti aprender a

brincar, E cantar para as artes. Ela me levou em seu
braços,
E disse: no ano novo. Agora fogo eu pelo desejo,
Ah veio
o mestre mas.

* * *

A juventude está ansiosa para jogarE para cantar útil
fora,
E está cansado de aprender, do que dá isso

doce som

Novamente nova luxúria e força; Assim vive
 homem satisfeito e doce;
E alegremente evita companhia, Que
 frequentemente vagueia.

É uma resposta sábia.

Ele tem sobre nós a lei, o amor, apenas um dado,

É uma resposta sábia

Você me pergunta por que sou obediente a Deus;
é por isso que eu O mostro e o bem reconheço.

Ele nos deu sua lei apenas por amor, Sobre a qual
nos apraz e desejamos viver; E já o que nós Essa
lei
proíbe, É, no entanto, pode parecer, não para
nossa vantagem, Quer alguém do que ser feliz,
Aquele couro obediente a Deus no medo.

É conhecido.

Eu nunca tenho mais prazer do que
quando cumpro meu dever.

é conhecido

Eu nunca tenho mais prazer do que quando
  cumpro meu dever.
Então a comida tem um sabor melhor; então
  posso pular alegremente; E
canções alegres para cantar; Mas se eu sou
  lento ou travesso, não estou
à vontade; então fico ciente de que sou
  permanentemente
culpado, Que sou uma vadia, e que nunca
  serei um homem, Zoo fazendo, me tornei uma lata.

Uma carta de Carl On é a irmã caçula Caatje.

Portanto, falo sobre isso no papel.

Uma carta de Carl On são a irmã caçula Caatje

Irmã querida! Eu vou deixar você saber, Que eu, desde
a sua partida, estou
sentado no meu quarto Menina doce! de torcicolo.

Olá, vou escrever para você algum dia, porque
novamente é assim sombrio,
Que tenho sempre de ficar em casa, E isso não tem
sabor a Pinheiro duração.
Eu tenho muito o que falar com você;Muitas vezes
penso que ela estava aqui!
Mas esse pensamento é inútil, Portanto, falo no papel.

Deve-se escrever, Papaatje diz, Por um pouco Assim,
se ou homem falar;
Por isso irei, querido Caatje, VOCÊ narrar, como eu
vou.
Eu estava mal-humorado no começo, que ClorindeYOU
por casa e de zig levou;
Fiquei feliz por ela te amar, Mas o que fazer em
Amsterdã, Disse eu - ela
ficou aqui; Eu gostaria que ela fosse
minha melhor foto para um dado de ano novo;
Oh, estamos tão acostumados
juntos. Mas o que ajudou já aquela reclamação, a
irmã da Cat tinha ido embora:k Turn dies,
em poucos

ao

    amanhecer, Limpe por necessidade, chegue
lá devagar. então, Através de mim nele suor ao

caminhar, Eu sou pesado, frio e espirituoso;

Eu tive que pagar caro por aquele jogo, ah, que
dor eu tive:
Eu não posso comer isso, então aquilo; k dormiu também
às vezes não pela dor; E
eu desejo continuamente saber,
Ou Ele já fez, seria.
Não gostava de ler, escrever, Sim até nas minhas
estampas não; E
ficar tanto tempo na cama Me deu toda vez muita
tristeza.
Papai queria me entreter; A doce mãe fez, o que
eles puderam; Mas eles
tiveram que parar imediatamente,k Costumava
ser uma honra já cansada, comecei.
Eu temia que nunca funcionasse E quando eu
vazio farto,
fiquei muito mal humorado, enquanto não tinha
mais paciência.
Eu disse no final - aquele ser vazio pode tog
nunca são vantajosos.
Peguei um livro; Fui fazer algumas leituras; E
senti menos dor.
Eu também comecei a escrever E quando eu vi
estampas, Eu poderia no meu quarto ficar, De
entretenimento, Pinheiro cura dia.
Papai uma vez me viu começar Com um pequeno
desenho,

Mamãe querida entrou lá, Para ver como foi de mim.
k Costumava

estar, ela não via, bem em paz; Eu não estava
mal-humorado como antes;k falava agora e em
algum momento mead; Eu não

disse *sim* ou *não* . Como este desgastado
Eu gansche ao amanhecer,

Limpo, mas não recuperado, mas aquele mope
e que reclama,

Não me atormentou desde então. Pai diz, é
pode mais acontecer,

Que eu não sou próspero; Mas
vou sofrer menos, Como eu costumava sofrer.

Quem pode se conformar com a vontade de Deus,
(diz ele) com uma mente quieta, Experimenta a
doença

até o prazer; Deus é sempre show e bom.
Adeus agora, queridas meninas! Qualquer um em nossa casa
desejos,

Isso põe fim às suas viagens, Se você recebeu esta
carta.

As andorinhas.

..... isso é chamado primeiro direito de entretenimento ao vivo.

As andorinhas Uma narração

Kees iria para a escola pela primeira vez,
Mas costumava ser o passe de calçada resignado,
Ou não shin, ele costumava não estar bem em
paz; E
ficou, de cabeça erguida, por um tempo em
espanto. Ele viu as andorinhas como
isso para e novamente
flutuar, E disse, isso se chama viver corretamente
para o próprio prazer primeiro. Um homem que zig
na rua
encontrou, E Keesje entendeu ras, puxou-o, já
sorrindo, o que ter lados; E disse,
bem tu não sabes que eles devem fazer isso, Eles
pegam moscas para alimentar seus filhotes, Que
de outra forma famintos teriam que sofrer.

Você chama isso de entretenimento ruim, não,
Keesje! isso está errado Mas você sabe o que
está aqui para você aprender?
Eles podem, através deste alegre voo, Para você
Um exemplo para dar, Como
fazer o seu trabalho com diligência e alegria; E
que fica feio, se o homem forçou a fazer.

* *
  *

Eu ando na escola desagradável, disse Kees:
Essa lição é certamente boa!

O sol.

Quão grande deve Deus não ser órfão!

O sol

Quando eu vejo o sol brilhando, Aquele com seus doces raios Esta terra alegremente cuida; Nela há especiarias para crescer, Para alimentar o gado e o homem; Que a luz nos faz gozar, Trabalhar com alegria, E prazer em viver;

Do que eu penso, de adoração, Quão grande deve ser Deus! Aquele Sol ele criou!

E aquele amor solteiro!

É cadáver.

Meus queridos filhos, não tenham medo,
quando os mortos virem;

é cadáver

Meus queridos filhos, não tenham medo, quando os
mortos virem;
Você tremeria diante de cadáveres? Venha aqui:
este homem pálido e frio, Que sentir, ver, nem
pertencer pode, Não
aguenta mais viver.

Ele pensa e trabalha - sim mais do que você; Mas
de nenhum corpo Assim se Nós.
A alma está longe pelo solo.
Aquele Deus a quem ele temeu aqui, está morto; E
mantém este cadáver
em valor.

Já é a alma de seu corpo, Embora o cadáver desça
na sepultura escura, Isso você não deve fazer gelo.

Acredite, meu bom Deus, Mesmo esse excedente
feio
Surgirá um monte de coisas mais limpas.

Ah, queridos filhos! então não diga;O que é isso
morre Uma tristeza!
Que eu viva para sempre! Quando você ama e
serve a Deus, então realiza o morto você, se um
amigo, nele para
sempre bem-aventurado viver.

E quando chegar o último dia, então será o corpo,
que ali jazia, Zig vivo show do
tempo.
Então os Anjos navegam de baixo de VOCÊ
cantando Desagradável Pinheiro Céu para,
Para sempre lá ao vivo.

Meus queridos filhos, não se assustem, quando
os mortos virem; Você tremeria
   diante de cadáveres? Diga bastante alegre -
este homem, Que aqui não pode ver ou ouvir,
Permitido no céu
dos pinheiros viver.

Faz ninhos de pássaros.

k Tenha agora, disse ela, meu desejo:

o ninho de pássaroUma narração Mietje

teve uma vez, enquanto caminhava, Um ninho
de pássaro escondido

Em uma sebe de espinhos o encontrou.
Eu agora tenho, Zeize, meu desejo: Oh, como
devo entreter,

Com esses doces bichinhos! Vou para casa
buscar algumas ninhadas para guardar.

Mietje caminhou e viu sua mãe, Que ela ofegante
disse:

Querida Mietje, disse a mãe, Perturbador tog
nunca ninho de pássaro!
Apenas pense, como os pássaros antigos
lamentariam por aquela perturbação; você, doce
Sissy, não choraria, Se homem você, de Pete e
Jeez,
Transportado contra a vontade; irmã querida,
tenha pena, Dos velhos e queridos pássaros!
Nunca busque o seu prazer de qualquer jeito Na
tristeza de Um outro.

Não, disse Sissy, querida mãe!
Não não Isso! mas ouça seu choro; Ah ela ter
tanta fome!

Não pense menina, disse a mãe, Isso

eles apenas choram de fome. Ah, ela
certamente
morreria, Se você os alimentasse por tanto
tempo, Até que eles não pudessem mais
gritar. Mas se você quiser se divertir, E ver
como os velhos cuidam deles Corrigem
assim muito de para dar, Se os animais

precisarem Coloca você mal em Silêncio
mais baixo, E você logo perceberá, Que
sejam
moscas, mosquitos, vermes Para pegar e
lixo para levar. o O bom sábio Criador Gosta
destes pais
pais, se dado a você: Estes sabem sempre
melhor, O que as crianças precisam Porque
eles mais amam. Sim, eles nunca deixarão
de cuidar deles com ternura; Portanto, seu
Deus criou amor
para seus filhos; E você não deve apontar ser, Do que o b

Mietje ouviu sua mãe; Mas muitas vezes foi
ver zagtkenTo o crescimento do menino,
Sem que as ninhadas nunca perturbem.

flippy, o pai e o jardineiro.

Seu pai tem boas peras:

flippy, o pai e o jardineiro

VIRAR

Bem, por que você poda as árvores, diga leal
    Pete?
Onde aqueles galhos dariam frutos, iguais
    vê.

O JARDINEIRO

Uma árvore que produz demais perde sua força;
O fruto também não agradaria, se você espera.
    Seu pai tem boas peras:

O PAI Bem se
diz: E a parte
de quem cobiça demais é má.

A solidão.

Que o entretenimento tem nele lido, não
precisa de solidão no medo,

A solidão

Não pensem, queridos companheiros! Que o tempo
que eu tenho para
   lamentar, Quando eu sentei sozinho ontem. Esse
entretenimento tem em si: Não
tema a solidão Mas está sempre bem em
amor.

O pai diz isso, pessoas boas, muitas vezes
desagradáveis, que desejam
   horas; muitas vezes vão para o quarto deles, Em
livros antigos e novos, as classes
de modo procuram: E isso me mantém milagroso.

Eu gostaria de ser sábio E me tornar também Por
favor, louvado, eu
   digo, como vem a mim: Se houver, então, para
saber muito, Muitas horas ainda gastas, Bem-
vindo! Bem-vindo! solidão!

Apêndice
Colaboração entre Jacob e Henry

HENDRIK

Tu não conheces as tuas aulas, e saltas por mais que gostes.

JACOB
O que aconteceu?

HENDRIK

O que bate Isso me aprende? Tu podes teu Pai temer.

JACOB
Serve posso ler bem.

HENDRIK

Ele disse recentemente que você é um simplório.

JACOB
Uau! Uau! ainda tenho tempo.

HENDRIK

Mas se você for maior, então você deve aborrecer.

JACOB

Isso poucos se importam.

HENDRIK

Muito; Eu tenho você doce, e temo lá, portanto, por.

JACOB

Você é um espertinho; ouvir!

HENDRIK

Agora, minha dívida não será, se você for bem-sucedido pelo pai.

JACOB

Tu também não vestirás.

HENDRIK

E, no entanto, não procure por favor, que COOSJE tenha sucesso.

JACOB

anda, menino bobo! silencioso.

HENDRIK ,

venha, deixe seu pedágio de lado e faça suas contas a tempo.

JACOB

Devo lá ainda desagradável para pesquisar.

HENDRIK

Muito bem; então não, do que vem claro na licença.

JACOB

Sim, amanhã! Melhor amigo!

HENDRIK

Adeus do que; é a minha vez. Eu não quero ser focinho de osso.

JACOB

Bem, não tenho medo de nada.

HENDRIK

Brinque, enquanto desejar: Tu és Um filho tolo.

JACOB

O que manda Aquele pedágio lindo!

* *
 *

Filhos, Que esta leitura, Wien elogia bem Isso mais?
O cachorro lanchinhoUma narração Um jovem viu um canino de pinheiro Que na bênção seus senhores estavam de pé Pega uma galinha levada. Desta forma, ele

chorei, este momento é minha oportunidade mais memorável; k Ter seu karma atualmente longo ciúme; Agora vou

aplaudi-lo apropriadamente. Sim, faça você ter sucesso, até que o lamento anterior se abaixe.

Rapidamente ele viaja para seu pai, E procurou, do que acima, do que sou, Até que

ele não conseguiu relaxar. No momento em que finalmente viu seu pai, ao descer gritou: 'Pai! OK!

Você Lizet agora não vai pagar?
Aquele canino que você tanto ama, Que leva porém tudo o que encontra.

Aquela galinha que minha mãe comprou, Enquanto seus companheiros haviam mencionado, Para comer conosco esta noite, Lizet a seguiu até o estábulo; Ele tinha, o tanto que eu gritei, já comeu lá no fundo. Esse

cartão terrível diz absolutamente, Que ele é seu querido cachorrinho.'

O pai, que ouviu o entusiasmo, pelo qual o cabrito até veio,

Também, até que a amargura tenha ouvido,

Aquele PIETJE às vezes se expande com
lamento, E agora por retribuição ou por inveja
Zoo
apressadamente até que chegasse, Disse
a ele: 'Delicadamente, meu PIETJE,
delicadamente! Já pensou bem em seu caso?

Lizet certamente terminou horrivelmente, E k
seria sem incerteza para vencer, No
entanto, eu vi você andar tão furiosamente,
Zoo temperamental, que seu pai
teme, Ou por outro lado, você não está furioso;
Não
faça ideia; Prefiro não confiar: Mas deixe-me
saber se você está exausto Que ocasionalmente
seu pai joga?'

Nós PETE ficou quieto: - ele ficou com medo,
E shin, ele costumava ser obrigado a saber;
Você podia ver a
resposta em suas bochechas.
'No entanto, Pai!... de fato, mas...' ele então,
naquele ponto, expressou em voz alta, 'O que
ele teve de errado fazendo?
Ele preferiria pegar coelhos. Com a chance de
que eu comecei o que ele fez, então costumava
ser minha disciplina preparada com certeza.'

'Venha', disse o pai, 'sintonizar, Piet!
Atualmente salada eu sem dúvida não; É inveja
que você vem denunciá-lo; É ciúme, Pete! já que
esse monstro Me às vezes é até divertido.

Você não poderia, portanto, suportá-lo? Em algum
momento eu adorei aquela criatura?
Diretamente na chance de que você?. Nossa!
jovem furioso!'

PIET parecia humilhado, mas derramou uma lágrima.
Os passes falados são Pai it So On:
"Aquele que está furioso constantemente espalha
a palavra,
Além disso, remova a felicidade de sua
desesperança, Mas nunca até sua boa conversa:
De fato, com a
chance de que ele os acalente vê, Gunt ele sua
luz nos olhos não.

Não é uma pintura deliciosa? Quem tem
diretamente? Eu, PETE! ou por outro lado você?

Precisas ainda mais de estar furioso?'....
PIET estava desanimado, delicadamente
derramado; Os homens ouviram um craps ainda
estão soluçando, Além disso, em LA FIT lido.
Diz-se que nunca tal objeção Através das
condições meteorológicas do PETE

tornou-se   entregue.

Epílogo
Histórico de origem

No início de 1778, o distribuidor Utrecht Van
Terveen distribuiu * um grupo imaterial, chamado
Proeve van Kleine Gedigten voor Kinder.
Continha 24 sonetos, que, com certeza,
normalmente não ocupavam mais espaço do
que uma página em oitavo. Os contornos
estavam ausentes, enquanto a folha de rosto
não era o nome do criador expresso. Seja como
for, houve um pequeno prefácio, no qual o
escritor obscuro deu sentido ao objetivo. Ele
percebe que ele contou, fala eruditamente,
pouca popularidade.

No entanto, ele, sendo ele próprio pai de
crianças pequenas, queria para eles e para
outras crianças entre as idades de cinco anos e
dez   algo valioso e ao mesmo tempo
compreensível na leitura para dar, já que na
Holanda nunca antes havia sido tentado e
tentado.

Alguém poderia prontamente especular sobre
quem era esse escritor infantil desconhecido?
Para cada situação, a última opção foi
absolutamente confundida

acreditar que ele estava administrando essas estrofes básicas exigiria pouco reconhecimento.

Indo contra a norma, são os principais sonetos de sua mão que ficam na memória do público holandês e que são nomeadas abelhas A extraordinária multidão que viveu para ter realizado.

Lang tem a vulnerabilidade sobre o início dos Proeve van Kleine Sonnets for Kids, como se vê, não resistiu ao teste do tempo. Ainda na mesma época, 1778, Van Terveen distribuiu um spin-off com 22 sonetos em estilo semelhante, novamente sem representação. Desta vez, no entanto, o autor divulgou se o sr. JOSH DOUGLAS..

O conselheiro jurídico de Utrecht, Hieronijmus van Alphen, era decente por volta dos trinta anos. † Como um homem de letras, ele fez alguns nomes em um círculo restrito por alguns montes de versos esclarecedores e algumas composições de pesquisadores.
Social e secretamente, de qualquer maneira, ele não teve até este ponto muito karma

* A Koninklijke Bibliotheek de Haia
mantém sob assinatura. 133 M 43 um de
1943 da crônica Terveen obteve
sortimento por 244 nos. de
'Correspondência e outras peças

sobre a versão de [.s] para o trabalho,
predominantemente por Little Sonnet For
Youngsters '. Ela cobre o período de
1793-1872.

† Amplo sobre isso e trabalho: JOSH
DOUGLAS 1973.

conhecido. Advogado sem negócios, foi
sua jovem esposa em 13 de agosto de
1775 Johanna Maria van Goens faleceu
em trabalho de parto. Ela o abandonou
sozinho com três jovens: Jantje (imerso
em 7 de fevereiro de 1773), Daniël
(santificado pela água em 11 de setembro
de 1774) e Hieronijmus (submerso em
20 de agosto de 1775). Isso emoldurado
pela pré-declaração ao Proeve van Kleine
Gedigten 'agora apenas e mais
proeminente deleite'. Também para eles,
os sonetos desses jovens foram
compostos pela primeira vez. Além disso,
o estudo e o verso deram a interrupção
fundamental, pelo qual são irmãos por
casamento Rijklof Michael por Goens (Um irmão pelos

'Johnny') Por favor, estava de pé se guiar
na vanguarda da escrita européia.

Quão pouco confiável. ele mesmo, nessa
época, compreendido, revela mais
claramente suas perguntas compostas
para exame de caráter a Johann Kaspar
Lavater em Zurique, quando por meia
Europa assumiu o cargo de especialista.
De qualquer forma, o conhecido homem
respondeu em 1777 com demissão legal;
ele anteriormente tinha muita correspondência para dirig
Depois de um ano, o próprio Van Alphen
era um superstar: tanto por causa de sua
hipótese distribuída também em 1778 das
artes e ciências expressivas (o primeiro
manual holandês sobre estilo atual) *
quanto por ser 'Vaersjes voor Kinder',
com base no qual Betje Wolff chamou-o
de 'um dos nossos Virtuosos e Melhores
Escritores mais memoráveis' † referenciado.

Uma republicação de suas duas coleções
de sonetos infantis agora apareceu após
os Outros, com o objetivo de que o
distribuidor By Terveen dez finalmente
interrompesse a numeração para ser taxa
de transmissão para a oposição misteriosa
em segurar. Não ajudou muitos, com base em que

Em pouco tempo, também há uma grande variedade de impressões de roubo. Isso poderia passar despercebido, já que não havia direitos autorais neste momento.

Mais lamentável foi o parente da cidade de Van Alphen, o mestre-chefe Pieter 't Hoen (1744-1828). Edge Jansz apareceu em Utrecht. O todo compreendia seis 'bits' de um total de 126 sonetos. Duas caras o suficiente ,para resmungá-lo na revisão, prevenir ou a criança não teve mais a opção de procurá-lo. Através de Van Alphen, garantiu a continuação de seu Proeve para que ele pudesse fazê-lo sem a ajuda de ninguém. Da mesma forma, esta personificação conheceu uma incrível sorte: sua primeira peça experimentou quatro, a segu,nda peça três e a terceira peça dois. Bem, uma prova de que o homem assumiu o papel de artista infantil em 1778 em Uma veia de ouro esgotada.

. é incidentalmente por toda essa troca que nenhum ponteiro de centavo se torna.

* Veja para este ponto de vista Jacqueline the man 1998.

† E. copo, casar. A. Wolff, Gosto sobre a infância Hai,a de Amsterdã 1779, p. 59.

Ele selvagem sem nenhum custo no caso de

hack check se tornar e maravilhoso apenas em seu trabalho como companheiro de uma criança, veja as palavras melodiosas no

prelúdio de sua próxima banda:

Lágrimas escorrem dos meus olhos, Queridos filhos, na chance de você me pedir para mais verso.

No entanto, a conquista também estimula o interesse por mais, com o objetivo de que Van Alphen tenha se juntado proativamente à distribuição por este grupo subseqüente rápido, implícito na obrigação de se desculpar. Foi, ele garantiu, nem um pouco hesitante que seus leitores esperariam tanto tempo para que um spin-off parecesse. A questão costumava ser o próprio verso não forçar

deixar. Ele precisava, como escritor,
basicamente aguentar até chegar novamente
ao estado em que seu primeiro grupo
composto tinha.

Então, a essa altura, suportou a longa
duração, até 1782, honra. de Uma Segunda
Continuação dos Pequenos Sonetos para
Jovens apareceu. Este terceiro grupo contou
vinte sonetos, pelos quais a estrofe de
abertura 'Aos meus pequenos leitores' min
ou mais assumindo que o prefácio serviu.
Mais importante ainda, eles não devem
sentir que Van Alphen deixará de se lembrar
de como eles costumavam ser. A evidência
era esta, 'concebivelmente' seu 'último
pacote'. Com certeza acabou fechando o
caso.Ter foi em 1787 ainda os 66, (Primeiro)
fora Taste Spin-off   e Segundo sonetos
como uma coleção reunida sob o título
Kleine Sonnets for Kids.
Além disso, eles foram distribuídos como
um livreto a partir desse ponto.
Distribuidor por Terveen teve com isso
bastante pela conta inicial realizada por uma
paginação incessante das três peças separadas.
Além disso, a pedido dos 66 sonetos,
raramente eram mais

alterado.

Depois de 1782, Van Alphen não compôs mais sonetos juvenis, nem mesmo antes do segundo casamento dos filhos, em 1781 Fechado de Catherine Gertrude por Valkenburg. Sua situação aos olhos do público foi totalmente diferente devido ao seu acordo em julho de 1780 com o principal oficial jurídico em Utrecht. A comoção política do tempo nacionalista depois que os empreendimentos religiosos puxados são considerados ainda mais afastados pela escritura. Wei são de seu legado em 1836 dois sonetos infantis adicionais ('Cooperação entre Jakob e Hendrik' e 'O canino mordiscando'). venha, Isso aqui assumindo que o suplemento informativo é impresso.

É o primeiro livro infantil holandês?

A escrita não tem direito de patente, tal como acontece no domínio das ciências aplicadas, ciência e inovação.

No entanto, Hieronijmus van Alphen introduziu são Taste by Little Sonnet For Kids se uma colher holandesa. Legalmente ou errado? Isso simplesmente depende do que você quer dizer com um livro infantil que vale a pena ouvir.

O assunto é neste ponto equivalente ao ask ou Wolff and Covers History por

Miss Sarah Burger heart out 1782, nosso romance holandês mais memorável pode ser chamado. Não, na medida em que há muitos deles para esse ano, livros holandeses exclusivos foram distribuídos. De fato, quando você faz isso, significa que Sara Burgerhart está no início de uma outra espécie no romance holandês, que basicamente varia de acordo com o que havia antes naquela área de compra.

Voltar agora Disagreeable .s Taste by Little Sonnet For Kids . Certamente é que Van Alphen, tanto na historiografia acadêmica quanto na avaliação geral, é visto como o pai do livro infantil holandês. * Obviamente, isso está além do reino das possibilidades, implica que as crianças holandesas nunca leram livros antes de 1778. Existem até grandes motivos para considerar isso na Holanda do século XVIII, onde o enorme A/B/C/ou 'livro do galo ', as Máximas de Salomão e o pequeno exercício estavam no cardápio de todas as escolas populares, relativamente menos pessoas sem instrução do que nas outras nações européias. Pois a parte protestante das pessoas aqui costumava ser o Livro das escrituras exam obrigação. Além disso, o material de leitura para uso escolar ou para treinamento doméstico particular sempre existiu. Esses materiais de exibição mudaram depois de 1778, não genuínos em combate. Além disso, existia lá no século XVIII uma ampla variedade de jogos para jovens e idosos, sem distinção de idade: por modestas, xilogravuras embelezadas, reimpressões de folhetins do final da meia-idade, como Reinaert Ulenspiegel ou   , The Four Heemschildren, e contos mais , tradicionais de Esopo e Phaedrus, relatórios de viagem energizantes sobre o capitão do século XVII Vaca malhada, livros ilustrados bíblicos e profanos, quebra-cabeças e sortimentos de histórias até o mais modesto 'cartoon engraçado' da impressão de um centavo distribuído na cidade. † Tudo o que estava lá em excesso, talvez não na vitrine de uma grande livraria respeitável da cidade, mas sim nas infinitas lojinhas onde os indivíduos adicionam seu registro cronológico ou papel de carta * Veja os anexos: Pomes 1908; Dólar 1950; JOSH DOUGLAS 1990, 1992, 1995 e o Catálogo de livros escolares e juvenis holandeses 1700-1800 por JOSH

DOUGLAS e Leontine JOSH DOUGLAS -
Smets, Zwolle 1997.
† Ver The Meyer 1962.

poderia comprar. Ou provavelmente havia os
inúmeros colportores que homenageiam a
época mais fria do ano, eles se aventuraram
em todas as partes do campo para suas casas
e herdades conhecidas para se desgastar
lendo. Além do mais, essa inclinação lenta de
freqüentemente republicada por muito tempo,
famosa leitura Permaneceu temporária
também depois de 1778, mas quieta
acene.
Não obstante, há um contraste central entre
aqueles jogos convencionais que leem
atentamente, onde o pequeno e enorme
terrível se apega, e o gosto pelo qual. em
1778, chegou o dia e com base no qual ele
legitimamente o Criador pelo livro dos jovens
holandeses avançados pode ser chamado.
Essa distinção não estava nele se
admoestando. Que um livro, independentemente
de quão envolvente, seja sempre valioso e
instrutivo deve ser usado para ser para todos
um caso separado. Os novos se escondem
aqui que . ele mesmo se primeiro explicitamente
até que crianças pequenas apontassem de
um compreensível para

eles e nunca antes na Holanda de uma forma tão

sedutora introduziu a tarefa educacional.

O que parecia ser esse novo ideal de treinamento e de

que maneira Van Alphen tomou isso?

sobre   acompanhar

A nova pedagogia No caso
de o pai de três homenzinhos se tornar o
sr. JOSH DOUGLAS nos anos setenta
naturalmente parecia ter saído de sua
infância. Além do mais, o raciocínio
esclarecido. costumava estar lá o homem
que não se incomodava, se os indivíduos
ficavam de pé quando ainda o faziam com
frequência, para passar uma missão tão
profunda a um representante principal. Ele
gostava de se organizar individualmente
na escrita em andamento, na qual os
novos conhecimentos sobre escolarização eram engendr
O assunto de como melhor servir os
próprios filhos ou os de outros para criar
aparece desde os anos sessenta
relâmpagos por uma questão
moderadamente óbvia até que uma
questão perigosa mais notável seja desenvolvida.
Método instrucional (a palavra agora é
mais do que nova!) Tornou-se
inesperadamente algo em que cada
cidadão comum esclarecido deve se
preocupar, à luz do fato de que é trazer
algum benefício para o indivíduo e para o
país ao dependia. Quem, na chance de
que os ideólogos da Edificação,
inabalavelmente confiassem na capacidade
de fabricação de um público em geral com

Residentes sensatos e, portanto, normalmente nobres tiveram, no mínimo, uma porta aberta para prevalecer da infância para os jovens.

De onde veio Aquele método de instrução iluminado Assim do nada? Quais criadores para tê-la arranjado? Além disso, que resultados isso teve para o livro para jovens holandeses? Obviamente, há razões convincentes para duvidar da resposta por muito tempo: geralmente Locke, Rousseau e Basedow (com um ponto de vista mais distante de Comenius) na chance de que os enviados por este novo método de ensino, que seja O jovem em sua singularidade encontra e isso também aparece seriamente em um novo livro infantil.

O britânico John Locke deve seu trabalho de liderança a uma composição amplamente distribuída em 1693: Algumas considerações sobre a escolaridade. O trabalho tornou- isto se em 1753 através da interpretação de Pieter Adriaen Verwer novamente à consideração do público holandês. Locke deu uma ênfase extraordinária ao aprender brincando na oportunidade, afinal de contas: no aprendendo alegria que um jovem deve ter a opção de fazer para ter. Uma reverberação disso soa ainda através da linha do refrão 'O meu para jogar é aprender, meu ganho é jogar' de 'Avançar alegremente'. Esse ganho existia para o enfadonho Locke principalmente da obtenção de informações úteis. Com música ou versos não esbanjava muitas palavras.

Como leitura infantil, ele sugeriu especialmente os contos de Esopo On, o melhor dos desenhos.

Enquanto dessa maneira a composição de Lockes nos anos sessenta Ele brinca sobre as condições climáticas da infância encenada, fez Jean Jacques Rousseau em uma tonelada de perturbação do círculo mais extenso de seu Émile, ou de l'Education (1762). † Em estilo convincente aqui se transformou no treinamento ideal retratado e mostrado ao exemplo do jovem Émile, que, longe do mundo aculturado (= arruinado), teve uma infância regular.

Exemplo fundamental por este livro de camarilha para os novos O homem costumava ser o adágio: deixe betijen, não force nada. O jovem normalmente se familiarizará com a verdade não dita por meio da experimentação, seguindo o caso de seu instrutor. Há além disso, nenhum impulso em educar furioso. É particularmente errado encher as crianças com informações reais, das quais elas usam e a extensão ainda não veem.

Tudo vem da compreensão e, assim, evite irritar um jovem com convenções rígidas. Esse último foi normalmente uma compensação para a perna dolorida chutada por todos os professores cristãos.

Por estado, Rousseaus tornou-se Émile depois de aparecer em 11 de julho consumido transparentemente em Paris em 1762.

No entanto, a longo prazo, o impacto de seus pensamentos educacionais também na Holanda foi razoável, muitas vezes de forma indireta por meio das filantropias alemãs. ‡ Seu capataz costumava ser Johann Bernard Basedow, o pioneiro em 1774 por It Philanthropinum em Dessau, uma escola modelo Onde sob o foco cuidadoso de toda a Europa os pensamentos iluminados sobre o treinamento com Gründlichkeit alemão foram tentados de maneira interessante.

Esses padrões eram: apoio à auto-inspiração; *
Veja também
Samuel F. pickering, John Locke e livros infantis no décimo oitavo

Century Britain , Knoxville (dez.) 1981.
† Veja Walter Gobbers, Jean Jacques
Rousseau na Holanda. Uma exploração
perturbadora do impacto do homem e do
trabalho (aprox. 1760-ca. 1810), Ghent
1963; parte única IV: boas-vindas por
'Emile'. ‡ Ver AWM duijx, The philanthropies.
Lista de fontes na Holanda apresenta livros
de JB Basedow, JH camp e BC G.
Salzman , Para liderar 1985.

real solidificando; escolarização visual,
voltada para a cidadania prestativa;
treinamento moral em um sentido cristão
geral por meio de retratos de palestras;
Estimativa cordial para crianças de acordo
com uma estrutura complexa para rejeição
e recompensas. Um composto pelo próprio
Basedow preenchido como um 'livro de
curso' Elementarwerk (1774), luxuosamente
representado com muitas gravuras em
cobre pelo conhecido Daniel Chodowiecki.
O Philanthropinum em Dessau era
essencialmente uma organização cara,
razoável apenas para os jovens da primeira
classe. De qualquer forma, o que o drag
mais surpreendente costumava ser por aí
mostrou exibição: as técnicas penetrantes,
os testes públicos de muitas buzinas e
chamar e o em breve

estourando confrontos entre o ditador
Basedow e seus funcionários. Na Holanda,
a resposta a isso foi de acordo com a
análise combinada de sentimentos

Apenas em Amsterdã começou com certeza
Alexandre Des-Londes em 1781 também
uma tal 'Maison d'Education' para 24 alunos
de acordo com a estrutura de Basedow. *
com base nas placas de seus exemplos
Elementarwerk seriam dadas em língua
francesa e holandesa, geologia, história
regular, história, exercícios, composição e
desenho, enquanto um treinamento militar
diário caindo veio para dar. O dia letivo
durava das 8 às 21 horas da manhã, com
f 65 para alunos externos e f 65 para
alunos internos, mesmo tendo que pagar f

105 por trimestre. Em qualquer caso,
regularmente sabemos que esta escola
Basedowse em Amsterdã destaca uma
rotatória protegida de oportunidade e não
sabemos nada sobre a execução viável.
O trabalho rudimentar de Basedows
também localizou apenas um único apoiador
na Holanda: o professor alemão JD Hahn
Utrecht. Interpretado está aqui nunca.
Mais eficazes foram as composições de
dois altruístas diferentes: Joachim Heinrich
Campe, o principal escritor de livros infantis de

este círculo, que depois de Basedows restringiu a decolagem da linha por Ele Dessauer Philanthropinum dominou, e Christian Gotthilf Salzmann, que em 1783 em Schnepfenthal possui estabelecimento instrutivo. Suas histórias e reflexões éticas também são amplamente lidas, decifradas e alteradas na Holanda. Seu impacto sobre o livro infantil holandês parece ser impressionante, apesar do fato de que realmente nos escapamos desse impacto em todas as nuances. †

* Veja IH por Eeghen, 'Uma escola de base de referência em Amsterdã', em: revista mensal Amstelodamum ,
jrg. 48 (1961), p. 129-132. † Ver Erfahrung

schrieb's und reicht's der Jugend. Joachim Heinrich Campe como Kinder-und Jugendschriftteller Ausstellungskatalog Staatsbibliothek Berlin, 1996; e Visionare Lebensklugheit. Joachim Heinrich Campe in seiner Zeit (1746-1816), Wiesbaden 1996 (Ausstellungskatalog Herzog August library Wolfenbuttel).

Com toda aquela consideração justificável para diferentes novas motivações instrutivas do ponto de vista externo, no entanto, não devemos ser ignorantes sobre dois locais mais experientes que cultivam costumes: um humanista cristão, onde Felinos, Van Effen e outros observadores do século XVIII, que o jovem vê como uma planta que pode ser emoldurada com delicados poder.

Além do mais, um severo Melhorado, que toda a ênfase está na corrupção de princípios de cada homem e na trepidação que os homens respeitáveis consideram como o principal método de disciplina, * como ocorre em De Geestelycke Queeckerye pelos jovens Plants des Noble men [.. .] Ou para parcelar pelo Christelycke Training of Youngsters (1740) pelo mestre-chefe de Middelburg, Joannes The Swaf. Nas duas metodologias, no entanto, a consideração e, além disso, a adoração representavam o foco do jovem, portanto, o retrato freqüentemente apresentado de um relacionamento pai-filho indiferente existente anterior precisa ser totalmente corrigido. † Da mesma forma, a imagem do chefe do século XVII ou XVIII como um idiota dominador com as mãos livres e a garganta sempre seca ‡

parece não ser mais do que um desenho
animado que, por meio dos educadores
esclarecidos, seu desenvolvimento hostil,
mas a partir de agora em Por favor, foi utilizado.

Assim torna-se o mundo pelo livro dos jovens
assim como pela paisagem mais extensa
pelo treinamento instrutivo é uma nação de
dois riachos, onde o velho e o novo coincidem
para caminhar. Pelos dois tem. de forma
soberana utilizada. Are Little Sonnet For
Youngs são ocasionalmente sugestivos no
que diz respeito ao conteúdo ou na utilização
de imagens Locke, Rousseau e as filantropias
alemãs, do que o clima nos velhos felinos,
como nas notas aqui para cada soneto
individual são mostrados. No entanto, mais
longe do que Um paralelismo raso vai Esse
entendimento nunca.
* Veja B. Kruithof, 'Conselho Instrutivo de
Felinos a Beterrabas, Coerência e Variedade',
em: Escolarização e Infância 1983, p.
169-178; LF Groenendijk, A Reconstrução
Adicional da Família It. A visão de Peter
White Curd sobre a administração cristã,
Dordrecht 1984. † Sobre o local, a
consideração e a visão do jovem nos séculos
XVII e XVIII

anos, uma biblioteca inteira já foi preenchida.
É simplesmente óbvio, entre outros: Linda Pollock,
Neglected Children. Relações entre pais e filhos
de 1500 a 1900 Cambridge 1983; Keith thomas, ,
'Kids in Early Present day britain', em: Gillian Avery
e Juliet Briggs (ed.), Crianças e seus livros. A
Festival of Crafted por Iona e Peter Opie, Oxford
1990, p. 45-77; JOSH DOUGLAS 'A Pequena
República; a família na escrita holandesa do
décimo oitavo 100 a,nos', em: Documentatieblad
Werkgroep Dezoito cem anos, jrg. 24 (1992), p.
87-105; Sally Kevill Davies, Os filhos anteriores.
Os colecionáveis e a história ou cuidados infantis,
Woodbridge 1994; Rudolf Dekker, Saindo da
sombra para uma luz incrível.

Jovens em auto-imagem relatam os anos Brilhantes
até o Sentimento
         , Amsterdã 1995.
‡ [CF van Veen] em: Kids read/youngster read
show li,st no. 195 do Metropolitan Exhibition Hall
Amsterdam, 1958, p. 6.

Dois predecessores alemães: Weisse e Burmann

Van Alphen nunca escondeu mais duas fontes diretas de inspiração. Em It preview até são *Taste* calls he if such Weisses *song fur Kinder* [Leipzig 1767/1769] e *Kleine Lieder für kleine Mädchen und Jünglinge* [Berlin 1777] de Gottlob William Burmann.

O filantropo Christian Felix Weisse (1726-1804) foi um dos primeiros escritores filantropos da Alemanha Que sua caneta absolutamente dez emprega
*
sugerida pelo jovem.   Ele adquiriu grande popularidade com sua revista semanal *Der Kinderfreund* (1776-1782), que também é publicada nos holandeses passou a ser editada, enquanto o *Neues ABC Book* (1772) nosso compatriota JanHenry Swildens inspirou até o *patriótico AB Book for the Dutch Youth* (1781). Não é à toa que Van Alphen com tanta autoridade na † área

pedagógica fica feliz em se corresponder. Porque o que o Sr. Hieronijmus em 1778 para a Holanda é o primeiro pacote

poemas infantis selvagens para testar, que Weisse em 1767-1769 já alcançou para a Alemanha com seu *Lieder für Kinder* .

O embrulho de Weisse também deve ter se dirigido a Van Alphen dessa maneira, porque o poeta alemão também havia se tornado pai recentemente pela primeira vez e essas canções fizeram seus próprios filhos. Além disso, ele encontrou nas canções de Weisse todas as virtudes do Iluminismo cristão de uma forma que apela para as crianças de uma maneira redigida.

. propriedade de Weisse são *Little lyrical Poem* (Leipzig 1772), no qual todos os cinquenta e quatro 'Lieder für Kinder' também foram gravados. Van editou sete poemas deste Alphen: 'Der Horsam' ('Ele persegue'), 'Der Krausel' ('O pião flutuante), 'Aquele Freundschaft' ('A verdadeira amizade'), 'Der Winter' ("Winter Song"), 'That Mucke' ('A insolência'), 'Auf das Bildniß einer geliebten Mutter' ('Claartje na pintura de sua falecida mãe') e 'Das Bird's Nest' ('Ninhos de pássaros' ').

O agora inteiro esqueça Gottlob William Burmann (1737-1805) fez qualquer nome de ‡ fábulas no estilo de Gellert. Os poemas infantis são bens, apenas se forem de Weisse, fornecidos por você mesmo, melodias fabricadas. Mas ele perdeu recursos visuais de serviço, de modo que mesmo o acordo de abelha por tema o efeito todo de outra forma está se tornando. Em vez de fazer seus pequenos heróis falarem como crianças, ele sempre os coloca em todos os tipos de pensamentos contemplativos abstratos e prolixos.

* Veja sobre Weisse e são *filhos de peles cantadas* : Brüggemann 1982, k. 86-93 e 1250.
† Esta correspondência entre . e Weisse parece infelizmente perdido em se foram. ‡ Veja
sobre GW Burmann e são canções infantis: Brüggemann 1982, k. 1298-1299.

amarelamento na boca. Exemplar é Burmann apenas através da introdução do novo sentimento patriótico na poesia infantil. Van editou de sua coleção Alphen quatro poemas: 'Allgemeines bet' ('A verdadeira riqueza'), 'Der Mirror' ('O espelho'), 'Vaterlandsliebe'

('O amor até o país natal') e 'Obrigado Knaben beym Witter' ('Tempestade').

Se você colocar esses onze exemplos de poemas lado a lado assim, Van Alphens brilha como tributário de Weisse e Burmann não

pouco. Mas ele falou a verdade, quando
afirmou que ela bem, muitas vezes em
Pine Tree, ajudou 'tinha, mas que ele
realmente não 'traduziu ou assumiu'.
Comparações precisas deixam logo ver
quão grandes são as diferenças, por meio
das quais . Se poeta costuma ganhar de Weisse e
*

certamente contra o solene Burmann.
Ainda entendo por que os poemas infantis
de Van Alphen na vizinha Alemanha nunca
ganharam popularidade. Eles pareciam
um pouco demais com o que já existia,
pois existiam amplamente no original.

Aspectos literários: Sua marca de qualidade pelo relevo

Os sonetos dos jovens de Van Alphen
variam em estrutura e conteúdo de tudo o que
foi escrito na Holanda nessa época. Único é de
alguma importância a estrutura grávida: ainda mais
impressionante desde que os escritores holandeses,
especialmente na chance que eles pretendiam
estabelecer, quando mal sabiam. Refrões por dez,
quinze versos com muitas orientações não foram
isentos. A linguagem é igualmente a

Muito normalmente que o texto curto através de leitura única atualmente na memória impressa se tornasse.

Dentro dessa extensão restrita, há uma variedade surpreendente de comprimento de linha, estrutura de refrão, conspiração de rima, ofuscamento musical, temas e estruturas de gênero. Rastreiam-se ali histórias encantadoras (muitas vezes fantásticas, basicamente os sonetos mais conhecidos, por exemplo, 'A ameixeira' e 'O vidro estragado'), trocas, uma carta rimada ('Carel à irmã Caatje'), o Relacionado um caso ('Bem-vindo boas notícias de Claartje para seu irmão mais novo'), versos ('The Singing Willem') finalmente aquela enorme reunião que a aplicação representativa por uma criatura retratada anterior ou item relacionado é On It símbolo (por exemplo 'It caninos' ou 'O pássaro no banquinho').

*
Para a relação ver: Pomes 1908, p. 244-259, e van Eck Jr. 1908, p. 225-238, com final inverso. Conforme Pomes estava de pé. escritor Honey Bee Weisse do que Honey Bee Burman, que batalhas de By Eck. A medida fundamental é o iambo ou troqueu, mas em três casos rastreamos

uma estrofe proficiente em terra e água inteira. Excepcional é 'O cantor Willem', onde (depois de uma apresentação da história em uma medida versificante comum) Willem é uma música matinal honrosa na estrutura de homenagem. Igualmente surpreendente é que Van Alphen, mesmo nos sonetos de seus filhos, não evitou explorar diferentes caminhos em relação ao verso sem rima. A seis sonetos, em que o Retrato de Dorisje ', precisava ser a prova para transmitir aquele homem sob circunstâncias específicas 'o país ao redor simplesmente se acostumaria'. * Não obstante esta variedade de formas, o todo na verdade estabelece uma conexão extremamente homogênea por causa do ethos da Iluminação que penetra em tudo.

Os Pequenos Sonetos para Crianças também são semelhantes a este complicado simples que o homem mal tem mais em vista qual é sua qualidade mais original: recursos notáveis de Van Alphens para uma linguagem extremamente rica e em seus mais breves detalhes potenciais Um design totalmente normativo, que pelo Alívio delicado, altura para dar.

A realidade dos jovens aqui evocada é

mais totalmente retratado por um sentimento de felicidade, de 'animado' se palavra de ordem. Afinal, um jovem produtivo e cauteloso não tem nada a temer: não do pai, que é seu "companheiro mais próximo"; não de Deus que nos chamou 'para fazer alegria', e certamente não do bicho-papão. A morte também não tem nada de assustador e a natureza é sempre boa, em qualquer caso, quando há tempestade. Todos cavalgaram assim até a alegria, apreciação e realização: atributos Onde as orientações sexuais posteriores deixaram a marca da revolta doméstica neles, mas aqueles para o cidadão comum edificado do século XVIII a estrutura mais notável pelo carma constituído. Alegria de abelha não se deve considerar nenhum tipo de diversão barulhenta, mas sim aquela felicidade interior e consistente que vem da ciência: tudo caminha neste mundo como é planejado por um Deus experiente desde que eu tenha Para um jovem do rico clima operário ao qual o próprio Van Alphen tinha um lugar, a última opção basicamente implicava: aprender suas ilustrações. Apesar do fato de que não há um treinamento legal ainda obrigatório

Existia e esses jovens, na maioria das vezes,
apenas instrução doméstica confidencial, a
necessidade de educação intelectual era tão
perfeita quanto parece ser hoje.
De acordo com a escala de valor pela informação
era   permanente de alívio diretamente
da ética. Quem inepto Perdeu igualmente a
oportunidade de ser uma pessoa íntegra.

Além disso, uma boa execução de revisão é a
premissa para a abundância de material.
De qualquer forma estressa. em sonetos infantis
não cabem este ponto de vista social. A alegria de
aprender começa as coisas. Aprender deve, todos
os dias; exceto aprender é igualmente agradável
('É brilhante aprender'). Além disso, nada mais
divertido do que ler* JOSH DOUGLAS de Alphen,
Stomach related Compositions, Utrecht 1782, p.
CXIX . livro de
fotos decentes, para o que é brinquedos
convencionais (faixa e custo) Por favor, é colocado
de lado. Essa decisão recebe alívio adicional,
alegando que, apesar de roupas e alimentos, os
brinquedos também foram considerados como
parte das coisas que 'a satisfação inocente' decide.
Assim garante Little Claar em seu 'Welcome hello'
seu irmãozinho mais novo que a mãe vai

da mesma forma, compre brinquedos para ela, quando ela puder sentar no colo. Os brinquedos são, em alguns casos, algo medíocre apenas no estágio extremamente inicial, mas que deve ser trocado por uma leitura de curso o mais rápido possível? Claire e Keetje falam sobre essa palavra de recuperação: 'Em alguns casos, para jogar, algumas vezes para ler, / Dat vai bem, é melhor ser'. Os encontros e impressões dos jovens do Kleine gedigten de Van Alphen permanecem geralmente limitados ao seu próprio círculo doméstico de pai, mãe, família de seus amigos íntimos. Sua relação familiar é central, pelo que a conexão de adoração entre os guardiões está sendo confirmada

com veemência. Tal amor não precisa de presentes caros: 'O pai deu o melhor pêssego/recentemente para a mãe com um 'beijo'. Outros familiares (avós, tios, tias, primos) perdem tempo conversando, nem se vizinhos ou companheiros de família. Um par de vezes parece um zelador, um outro prestativo ou um espectador coincidente no teatro para a ausência de pais de abelhas se guiar nas etapas. Excepcional é o local de alto nível Isso. prêmios No velho cozinheiro

Saartje. O ancestral de Weisse tinha a
própria palavra perturbadora, neste ponto,
confiável de sonetos infantis 'morais' e fim
de fazer On 'as melodias chatas de
especialista em pastelaria e babá'. * Para as
fantasias das crianças, a maioria dos
professores de Iluminação, certos
hipersensíveis, não exclui Betty Wolff. .
então, novamente, retrata claramente a
visita de uma criança, a abelha Sarah,
'Nossa velha grande cozinheira, / Quem
pode contar fantasias', 101 endereços de
perguntas e os jovens em guloseimas com leite com chocol
Mais perigoso é se tornar a relação de
indivíduos Isso não até que o próprio
círculo tenha um lugar. Alegre acaba
sendo o porteiro da cidade de sua catraca
por equilíbrio. Um defensor de coração e
família, enquanto o judeu de pano que
bate na porta também pode estar lá com
uma aparência enervante, mas certamente
não malévolo. parece ser mais feroz a
reunião na estrada na época mais fria do
ano com um vagabundo frágil, 'que pede
um centavo suplica'.
Isso é tornar-se um dado sem pensar
duas vezes, apenas se na 'Melodia de
Inverno' ocorrer.

prosperidade e traz confiança na organização de ações em nenhum segundo.

Por que, além disso, quando em 'Encontrei melodias' Um infeliz maldito cumprimento canta e você mesmo

faz sentido não de Um homem rico em necessidade de comércio: * 'chute o balde abgeschmackten

Lieder der Amme und Kinderwärterin' (Christian Felix Weissens Selbstbiography , 1806, pág. 129).

O desejo que só ocasionalmente sinto falta, Faça-me uma tonelada de comida mais

entusiástica, Então ou eu na mesa de um senhor Costumava ser dia a dia situado.

Inverta esse tradicionalismo cultural, que alguns

anos depois, também na Holanda, reformadores extremistas como Gerrit Paape provocarão

pensamentos e sentimentos de dissidência social que atestam um cérebro iluminado. aquele novo

sente-se acima de tudo no não aparecimento de todo doutrinário estrito. Apesar do fato de ser um cristão proclamado, Van Alphen deliberadamente deixou de lado questões doutrinárias de pecado único, recuperação, inferno e paraíso. Tendo tudo em conta, apenas têm um lugar num período de escolaridade posterior para virem arranjar.

Considerando tudo, Deus se torna inocente, entendendo apenas no caso de um pai carinhoso recomendado. Assim, Jantje e seus companheiros, na verdade, obtêm exemplos de leitura, composição, geologia ('O grande desejo') e toque de cravo ('Mietje bij het cravo'), mas eles vão à capela, pastor ou catequista salva estadias.

Segundo todos os relatos, eles não são os únicos efeitos colaterais de um método de ensino edificado. Identificamos nos sonetos infantis 'O carinho até o país', além de agora o novo sentimento entusiasmado, que, por acaso, ainda está liberado da compreensão político-partidária aqui desde os anos 1980, quando legalistas e orangistas enfrentaram um ao outro para ficar de pé. Naquela nova inclinação entusiástica se mostra Uma alma pelo senso urbano Que a partir de agora abelha A criança pequena deve se desenvolver. É um assunto que através de Jan Hendrik Swildens em seu modelo Vaderlandsch Stomach muscle Book for the Dutch Youth (1781) será elaborado.

*

Seja como for, quem com base no acima

Os sonetos dos jovens de Van Alphens
para a escrita da Edificação funcionam,
ainda disse a declaração enganosa. Afinal,
o pensamento iluminado conhece algumas
mudanças horrendas de tempo, natureza,
sombreamento e grau rigorosos no século
XVIII. Assim, contrasta enfaticamente a
ajuda francesa de sua inclinação perdulária
com a edificação cristã em geral na
Alemanha e na Holanda, enquanto o alívio
de meados do século XVIII, do qual Justus
por planície de são Observador holandês
(1731-1735) Um delegado significativo
costumava ser, consideravelmente mais
ênfase no pensamento acadêmico do que
a delicada Iluminação nos anos setenta.

* Veja JOSH , 'Livros ABC holandeses
DOUGLAS fora dos mil e oitocentos anos;
custom and development', em: Jaap
Terlinden ea, A will be a Monkey.
Exposições sobre livros ABC dos 150 anos
55-72. preséntensterdã 1995, p.

Como estão os sonetos infantis de
Hieronijmus van Alphen a esse respeito?
A resposta não pode ser totalmente
inequívoca. Em certos pontos ainda
rastreamos o puro realismo da prudência contemplada, c

'De natureza
empreendedora': Eu poderia investir minha
energia Em

mil trivialidades? k Não tem vantagem por aí.
Em uma linha semelhante está também a

rejeição nivelada por todas as noções (em
'Klaasje e Pietje') pela qual a pequena
excelência que os Outros se esforçam em

recursos:

Pietje, se você preferir não ser grande, Então,
nesse ponto, a pessoa de cor aparece.

Klaasje, isso é claramente falso!
Permita que ele venha caso ele seja capaz.

Quem tem confiança em tal homem, está com

a mente saqueada.

A despeito de,

Recepção e valorização

Hieronijmus van Alphen também se manifestou como poeta, escritor de escritos teórico-literários e como filósofo cristão. Aqui, porém, vamos apenas às reações em poemas infantis, nos quais os aspectos dos outros dificilmente desempenham um papel. Isso simplifica as coisas.

Mas ainda há um problema de contornar a dificuldade: as crianças, para quem este texto não importa como bens destinados, não saem de seu julgamento em nenhum lugar imediatamente na imagem.

Geralmente mede o homem É boa sorte por Uma obra literária, antes de mais nada, On It número reimpressões ou traduções e On com as figuras de circulação correspondentes.

Infelizmente, não temos esse ponto sobre fatos precisos, se consequência de sua cortina de fumaça lançada pelo editor Van Terveen. Só sabemos com certeza que os *Kleine Gedigten voor Kinder* até cerca de 1850 dispostos em várias versões são reimpressos, enquanto ela logo depois de aparecer também já na música se tornou.

Depois disso, o interesse caiu drasticamente, a tal ponto que um começou na edição do jubileu de 1871 (presente *de festa para a juventude holandesa*) e não lançou mais dois episódios. Até as publicações de Pomes e Van Eck em 1908, os poemas infantis 'antiquados' de Van Alphen novamente sob a atenção, após o que eles, por assim dizer, enfrentaram uma nova vida: como uma reimpressão fotográfica quase genuína para compradores não pedagógicos lição, mas um livreto de presente atraente de valor nostálgico pesquisado.

Como os contemporâneos de Van Alphen e aqueles da geração imediatamente seguinte de leitores, *Small Poems for Children são* apreciados e por que um súbito 'aceno' de interesse no meio do livro

*

século anterior?

O primeiro a quem Van Alphen em 1777 apresentou seu então não impresso *Proeve van Small Poem For Children* submetido a ser é cunhado Rijklof Michael por Goens. Isso achou todos os poemas de forma e conteúdo desagradáveis para o objetivo adequado, mas teve a coleção Por favor, ainda extensa, vista de 'quaisquer histórias'. Se antes disso dois outros poemas deletados tivessem que se tornar, então talvez 'A verdadeira amizade' e Alexis. Este último parecia-lhe muito 'prosaico ou abstrato', enquanto para o primeiro a objeção era que as crianças não têm muita ideia d 'acariciar' ou ser 'carinhoso' 'na frase do pinheiro em que nós o concebemos'. JOSH DOUGLAS teve que fazer, mas em algum momento o julgamento

† na soma com seu filho Jantje.   Do fato de que Van Alphen criticou os dois poemas Ordinário tem que deixar de pé, para nos permitir talvez distrair que pelo menos Uma criança para este é um dado de aprovação tem.

Em uma carta posterior, de 21 a 23 de junho de 1800, pálida por Goens, mas um pouco entusiasmada, se um quarto de século antes: 'Die *Kinderlieder* sind wahre Meisterstücke, in ihre Art: sogut, if das best

[...] was man in ‡ algum Stापégorspelecheio com um curioso argumento relacionado ao conteúdo por que os poemas infantis ainda seriam preferíveis aos de Weisse, ou seja, 'wegen den Christian Sinn, der in Pine tree Ihrigen herrscht'. Esta visão testemunha, no entanto, mais do Réveil religioso, contrário ao espírito do Iluminismo, através do qual By Goens quando inspirado se tornou, do que ela fez diretamente On s *Small Poem For Children* que precisamente por sua falta de , linhas dogmáticas alguns críticos ortodoxos havia levantado objeções. Clarisse para

Por exemplo, confessou que (com todo o respeito a Van Alphen) sua linha 'En tot Happiness created' de 'A felicidade infantil' era difícil para ele conciliar com o calvinista [**] predestinação.

* Tal crítica incidental do lado cristão ortodoxo, entretanto, não afetou o mínimo preconceito sobre sua fama de poeta infantil. E quando a imitação é a melhor prova para dar sorte, então o homem pode dizer que são poemas infantis por décadas que o programa colocou em assunto. Veja também The Freeze 1981.

† Carta de RM van Goens para Hieronijmus van Alphen, sem data [1777], K . B. 130 D 14. Compare J. Wille, *O homem de letras RM van Goens e seu círculo* . Segunda Parte, editada por P.by der Vliet. Amsterdã 1993, pág. 246. ‡ Ver JOSH , 'Cartas de Rijklof DOUGLAS Michael de Goens On JOSH DOUGLAS .', em: *Folha de documentação Grupo de Trabalho XVIII Século XX/2* (1988), p. 175-176.

** Clarisse 1831-1832, p. 120.

escolha e forma. tanto que

tudo o que era holandês naqueles anos a poesia infantil parecia um eco mais ou menos fraco do leigo de Van Alphen.

Às vezes se tornou isso também Através de poetas infantis posteriores se Peter perdiz, Henry cortador de cinto, Dirk Underwater e JFL

*

Muller reconheceu abertamente.

Em meados do século XIX, no entanto, Van Alphens ganhou a reputação de poeta infantil Um estalo formidável Através da acusação de não infantilidade. Uma vez que PA de Génestet em sua história em versos 'De

Sint Nikolaaseven' de 1849 já é um † golpe cruel para Hieronijmus, veio o mesmo autor em 1857

antes da mesma audiência novamente sobre o assunto. É como uma palestra destinada à

reabilitação

‡ *a poesia infantil,* no entanto, carregava mais o caráter de um adereço elaborado, passa adiante o que moderava a simpatia por meio de um sopro pelas boas intenções de Van Alphen. As objeções de Geneset são bem conhecidas, pois repetidas centenas de vezes: é um bom moral de Hendriken que

Van Alphen está ouvindo impressões, um pouco falsas, se não saudáveis. No lugar pela criança das crianças em são, palafitas. ele mesmo acima são público jovem.

Esse último é certamente onde, como um crítico anônimo já em 1798 havia **

estabelecida.   Mas é igualmente verdade que a mentalidade de 'garotos firmes, caras durões' de onde O Génestet, que supostamente ataca a bondade pedante, em um ideal igualmente limitado no tempo. Desta vez, não do Iluminismo, mas do romance holandês.

O Geneset chamou a si mesmo de ataque a ele, de acordo com o modelo de moda muito mais realista do menino holandês que Hildebrand em sua *câmera obscura* teria delineado. Mas o próprio Beets pegou agora por . em: o que atualmente rígido parecia, costumava ser uma vez, no século XVIII, fresco e original; eles tiveram que discuti-lo em pé, julgando os poemas infantis à luz de seu próprio tempo.

Como Onde isso também está, Efeito de The Gene define a crítica costumava ser *
Veja para esses seguidores Wirth 1925, capítulo III: 'Na pegada de Van Alpha'. † PA o conjunto de genes, 'Sint Nicholas Eve. Um conto de Amsterdam', estrofe LXVII de

nota correspondente; passe publicado na
reimpressão por são *primeiros
poemas* (1860). ‡ O Geneset 1858.

** 'Muitos, que pelo conhecimento da educação
pretendem ter, e até mesmo livros sobre isso
para escrever, mostram que não entendem
nada disso. Eles falam e raciocinam com as
crianças em um tom como se tivessem o
mesmo entendimento e conhecimento que eles
próprios têm. [...] Ela sabe zig não no lugar der
crianças no set, e até que seus conceitos
infantis diminuam ao descer. Por ali os
pequenos pedantes, nos livros infantis em
tetraz, ., Perponcher e outros.' (Mesa *da Moral,
Educação, Aprendizagem, Gosto e Iluminismo,
na antiga província da Holanda, no final do
século XVIII. Uma contribuição para a reforma,
da educação e do ensino, na República
Batávia . Por a' Cosmopolitan* , Amsterdã 1798,
p. 58-59). que a partir de agora o *Pequeno
Gedigten para Crianças* de Van Alphen deve
ser visto com

outros olhos. Ela gosta, por assim dizer, de um
dia em que os outros se tornaram antiquados.
E levaria mais de meio século para honrar seu
prestígio até um novo peso

gostaria de subir, ela agora (no círculo científico) como monumento histórico-pedagógico, ou (com o público em geral) como uma lembrança nostálgica de um passado distante. Um texto que chega permitiu passar direto clássico a ser nomeado.

Modo por Edição

As composições dos sonetos infantis de Van Alphen não são conhecidas, e nenhuma duplicata com texto e placas na impressão mais antiga pode ser atribuída sem hesitação. O que se encontra nas primeiras entregas são geralmente estruturas óbvias de vários lançamentos de Proeve, Vervolg e Tweede Vervolg de contrastes de acentuação ou texto minúsculos incidentais. Apenas a nitidez das inscrições pode mudar de forma impressionante, mesmo dentro de uma duplicata. Além disso, são tais duplicatas compostas de abelhas que as diferentes capas normalmente removem e substituem por meio de um título geral.

Desde que o lançamento agregado aprovado de 1787 faz uma normalização específica, no entanto, este design ocupado em duodecimo permanece atualmente uma extremidade do verdadeiro 'Van Alphen com as linhas'. Este é, obviamente, grau significativamente mais evidente para o '. dos bonés fora de 1821, Que só tem juros estimados.

A esta versão de texto anterior é, o que o Taste Re, em vista de duplicar pela impressão principal da Ilustre Biblioteca (sinal. 1090 E 109) e para Spin-off e Segunda Continuação em duplicatas do lançamento principal em meu controle da impressão individual mais experiente (talvez a primeira) pelas placas. Para maior segurança, todos os textos são precisos em contraste com outras duplicatas anteriores, onde os novos artigos bibliográficos de LG Saalmink são um método significativo para o branqueamento de controle.

Para os sonetos dos dois jovens distribuídos após a morte por Clarisse está aqui também o primeiro pacote Ocupado de 1836 seguido. *

Nossa versão textual é toda estratégica de proteção pela primeira grafia e acentuação. Isso implica que palavras verbais igualmente ligadas

Clarisse, 'On Hieronijmus van Alphen, como escritor e artista para jovens. duas leituras, Rotterdam 1836.

são imitadas exatamente como foram inicialmente impressas. Melhorado são alguns erros de impressão claros, que na explicação estão se tornando visíveis.

Um texto com uma história de impressão tão longa normalmente evoluiu ao longo dos anos passando por inúmeras mudanças esperadas e acidentais depois de algum tempo:

mudanças de ortografia, acentuação, uso de palavras e ocasionalmente também por conteúdo. Uma vez que ela de qualquer maneira não foi aplicada pelo próprio escritor e geralmente data de tempos muito posteriores, para tê-la aqui em alguns casos especiais depois que o pensamento externo foi embora. Esse caso especial Re a versão do coletor 1787, Onde . provavelmente ainda bem tem apoiado. Na medida em que isso contrastava com os três antes individuais pareciam

pacotes até que variações significativas fossem impulsionadas, é adicionalmente o que mostramos em nossa explicação.

Por mais estranho que possa parecer: os sonetos infantis de Van Alphen são, no entanto, lugar fixo no grupo pela escrita holandesa nunca antes apresentada em estrutura esclarecida. Sua clara facilidade tornava obviamente supérfluo para alguns todos os esclarecimentos. Nesse ínterim, essa coerência claramente óbvia atualmente se tornou uma ficção. Pode-se expressar que, com uma figura de linguagem tão básica, o deslizamento do significado da palavra e, dessa forma, a distância psicológica entre o texto e o leitor.

tornando-se. Que agora próximo A'. dos join's e A'. das tampas' para Ele primeiro também A'. de nozes 'vê a luz, é, portanto, um trabalho importante para cobrir o maior número possível de leitores para conectar essa distância. Simultaneamente, no entanto, marca a leitura da versão O interesse social pela escrita de nossos jovens do século XVIII, pelo que o sr.

JOSH DOUGLAS em 1778 venceu fora de casa.

Embora este lançamento de texto tenha sido praticamente preparado para impressão em 1995, ele tem uma ampla gama de razões, mas uma honra duradoura que ela também tem

certeza de que a impressão poderia se tornar. Esse atraso teve o benefício extra que poucas distribuições tardias em torno da escrita infantil do século XVIII, ainda mais explicitamente sobre sonetos infantis de JOSH DOUGLAS ainda em ., epílogo e comentários consolidados, poderiam se tornar.

Satisfy expressa gratidão para com o prof. dr. EK Grootes para sua equipe está planejando por este lançamento e para a persistência de minha ânsia.

O FIM

Descrição

"Pequenos poemas para crianças" é
uma magnífica variedade de versos
destinados a capturar as mentes
dos leitores jovens. De
histórias caprichosas de
criaturas falantes a reflexões
genuínas sobre parentesco e família,
este livro oferece um escopo
diferente de assuntos e estilos
para envolver uma grande multidão de crianças.

Esteja você lendo com seu
filho antes de dormir ou
procurando uma ótima maneira de
trazer versos para a sala de estudo,
"Pequenos poemas para

crianças" é a expansão
ideal para a estante de
qualquer criança. Com seus
contornos sedutores e estrofes
essenciais, este livro garante que
se tornará o número 1 amado no futuro.

www.ingramcontent.com/pod-product-compliance
Lightning Source LLC
Chambersburg PA
CBHW070747220526
45467CB00018B/978